한국베이비박스문인협회가 걸어온 길

국내 처음 설치된
베이비박스입니다

베이비박스를 찾는 이가
없기를 바라는 마음

후원자들을 위한 축복기도

방문자에게 후원자 배지를
달아주셨습니다

회원들의 마음을 모은
1차 후원금 전달

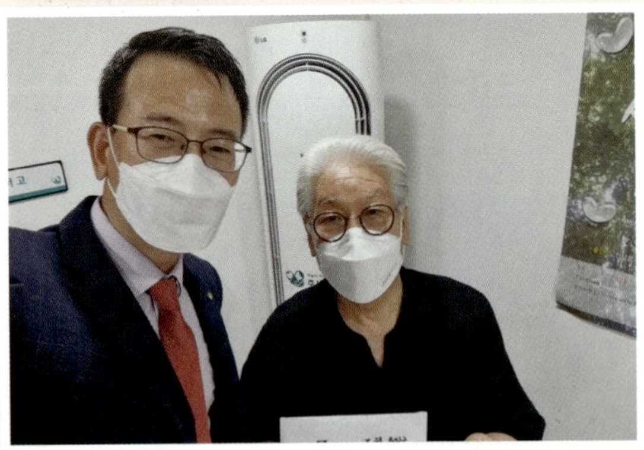

후원자들의 마음을 모아
2차 후원금 전달

함께 방문한 분들과 함께
인증사진

생명을 위한 40일 기도 캠페인

국민일보 어워드 상 수상자로
선정되셨습니다

지난 추억 사진 중에서...

출산보호법 입법과
입양특례법 개정 촉구

초심을 되뇌며
제1회 출판기념회 추억 사진

아기들이 잠시 머무는
보금자리

세상에서 가장 작은
방입니다

오르막길에 위치한
베이비박스

생명을 살리기 위한
간절한 마음으로

베이비박스
2층에 마련된 공간

봉사자들의 따스한 손길로
안전하게 보호되는 아이들

상담이 이루어지는
베이비룸 내부

상담 받으시면
희망이 있습니다

어둠 속 희망의 불빛

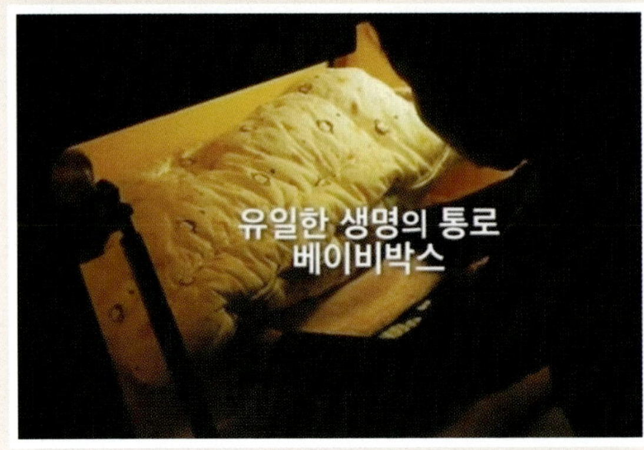

막다른 길
유일한 생명의 통로

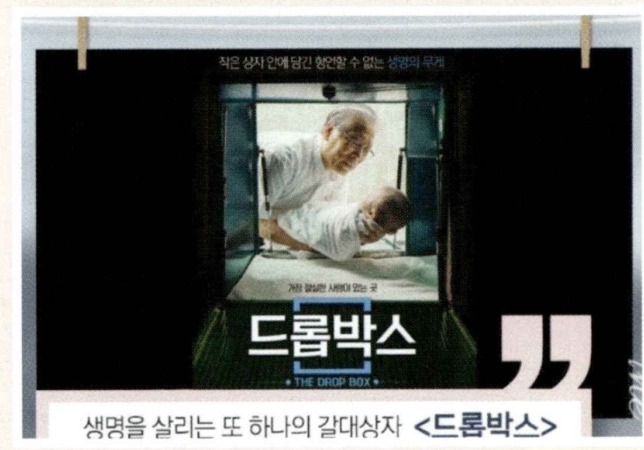

생명을 살리는 또 하나의
갈대 상자(드롭박스)

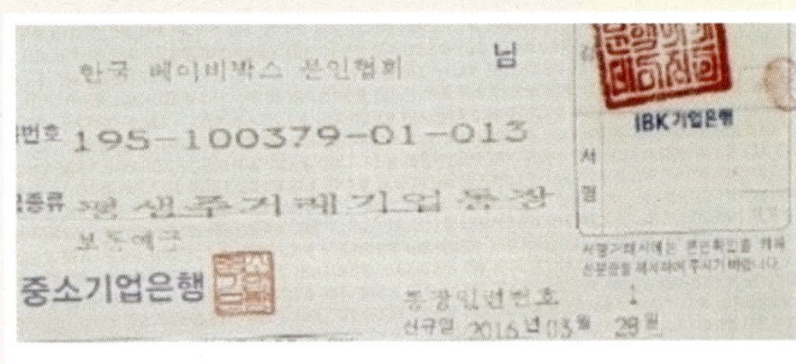

한국 베이비박스 문인협회 님

번호 195-100379-01-013

종류 평생주거래기업통장

보통예금

중소기업은행

IBK기업은행

서명

신규일 2016년 03월 28일

고유번호증

고유번호 : 509-80-00038

잡지사업 등록증

한국 베이비박스문인협회는
고유번호를 부여받은
문학 봉사단체입니다

베이비박스에
희망을 싣고

- 제8집 -

한국베이비박스문인협회

권희건 김병호 김장미 문문자 박귀자
손미경 손장순 신현각 우현식 이미선
장봉균 장선호 정이란 최정호

베이비박스에 희망을 싣고

| 제8집 |

한국베이비박스문인협회

도서출판 천우

| 발간사 |

아이들이 행복한 세상을 꿈꾸며...

힘든 시기임에도 많은 분들이 응원해주시고 격려해주셔서 제8시집으로 다시금 우리 시인들도 마음을 추스르고 힘을 모아봅니다.

국내 처음으로 2009년 12월 주사랑공동체교회(이종락 목사) 담벼락에 베이비박스가 설치되어 2023년은 14년째가 되는 해입니다. 13년 동안 이곳을 통하여 2,035명의 아기가 새 생명을 이어가고 있습니다. 최근 들어 우리나라도 사회적으로 젊은 세대의 비혼 및 저출산으로 인해 생명의 소중함이 더욱더 간절해지는 것 같습니다. 생명의 소중함을 인식하는 정부도 베이비박스에 적극적인 지원과 생명 살리기 운동에 적극 관여해 주시길 부탁드립니다. 베이비박스는 부득이한 사정으로 아이를 키울 수 없는 부모가 아기를 안전하게 두고 가도록 벽을 뚫어 만든 세상에서 가장 작은 방입니다. 이곳은 아이를 버리는 곳이 아니라 생명을 살리는 곳입니다.

> "세상에 유기를 위해 출산하는 엄마는 단연코 없습니다. 태아에서부터 아기의 생명을 보호하고자 출산한 엄마들은 현실의 법과 제도와 편견에 부딪혀 최후의 방법으로 베이비박스에 아기의 생명을 지키고자 옵니다" (이종락 목사)

전쟁과 전염병 고금리로 모두가 힘들어하고 있습니다. 세상살이가 힘들다 보니 후원의 손길도 예전 같지 않고 차가운 겨울 날씨처럼 사회적인 반응도 아직 싸늘하네요. 만13년이 지나는 동안

베이비박스를 거쳐간 아이들이 2,035명을 넘어서고 있습니다.

우리 시인들도 생명 살리기 운동을 위해 초심으로 돌아가 아이들에게 꿈과 희망을 선물하려 또 한 권의 시집으로 베이비박스의 슬픈 현실을 세상에 알리고 호소하며 베이비박스 사역을 대변하고자 합니다. 다들 아시겠지만, 우리 문인회는 타 문학회의 동인지와는 시작부터 목적이 다른 문학봉사단체입니다. 시집을 구입하는 모든 독자 또한 생명 살리기에 함께 하는 마음으로 합력하여 주시기를 부탁드립니다.

『베이비박스에 희망을 싣고』 1~8집 시집은 어린아이들에게 꿈과 희망을 선물하는 희망시집입니다. 여러 경로를 통하여 시집이 여러분들에게 전하여질 텐데 그냥 시집 한 권을 받아도 기분이 좋겠지만 후원하는 마음으로 작은 정성을 더하시면 베이비박스 아이들에게 행복 바이러스가 전염되어 더욱 훈훈하고 정이 넘치는 사회가 되리라 확신합니다.

이 희망시집의 모든 수익금은 주사랑공동체(이종락 목사) 베이비박스 생명 살리기에 쓰여집니다. 이 땅에 태어난 모든 아이들이 행복한 세상을 꿈꾸며 제8시집 또한 모두에게 사랑받는 희망시집이 되기를 간절히 소망하며 베이비박스 아이들이 건강하게 잘 자라서 이 땅에 선한 영향력을 끼칠 수 있기를 소망합니다.

자원봉사로, 시집 동참으로, 구입(후원)으로 함께해 주시는 모든 분들 고맙고 감사합니다. 늘 행복하시길 바랍니다.

2023년 2월

한국베이비박스문인협회

대표 淸雨 장 선 호

| 차 례 |

“

시집 한 권 값이면,
천사들이 먹을 분유가 생깁니다.
이 시집을 구입하시면
행복바이러스에 전염됩니다.

”

베이비박스에 희망을 싣고

– 제8집 –

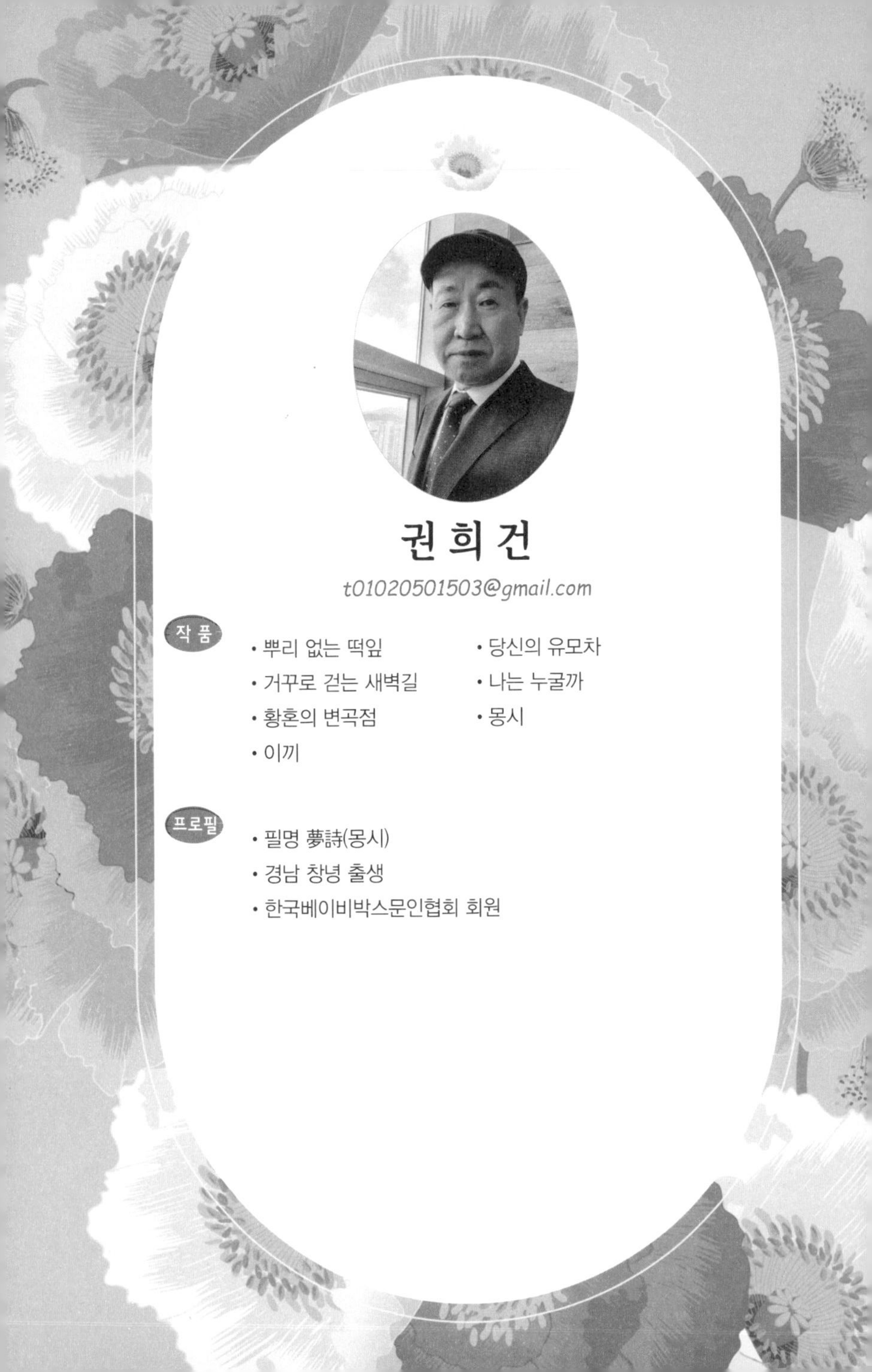

권희건

t01020501503@gmail.com

작 품

- 뿌리 없는 떡잎
- 거꾸로 걷는 새벽길
- 황혼의 변곡점
- 이끼
- 당신의 유모차
- 나는 누굴까
- 몽시

프로필

- 필명 夢詩(몽시)
- 경남 창녕 출생
- 한국베이비박스문인협회 회원

뿌리 없는 떡잎 외 6편

얼음 속 두꺼비 알 부동이며
알 속 타조는 언제쯤 깰까
땅 속 씨앗 눈감은 영혼이다

어둠이 바위보다 단단하다
두꺼워 천둥소리 벽이다
똑 똑 똑 대답은 깜깜하다

솔개는 하늘 진흙탕엔 미꾸라지
동강 할미꽃 천마산 자색 노루귀
동해는 돌고래 서쪽바다 갈매기

괴짜 세상 엉터리 사바세상
마음껏 코풀고 방귀뀌며 살자
아가야 울어라 실컷 울어라

밤하늘 작은별 자비로 내리고
둥근 달빛 은혜로 밤길 비춘다
사랑의 손길 상자 속 가득하다
오늘도 내일도 태양은 솟는다

아가야 울어라 실컷 울어라

당신의 유모차

세월의 강은 무정하게 뒤돌아볼 줄
모르고 저만치 앞질러 흘러갑니다

도회지 큰집 작은집 유하시다
며느리 등살에 고향으로 내려오신 당신

팔 남매 돌보고 기르시느라
볼록한 젖가슴은 가죽만 남으시고
가사일 농사일 한평생 하시느라 무거운
짐에 활처럼 허리가 휘어 지팡이 없이는
걸음을 걸을 수 없었던 팔순의 당신

당시 시골에는 한 분 두 분 할머니께
손자 손녀가 타던 유모차가
지팡이 대신 손 자가용으로 활용되던 시절

우리집 똥강아지 두 놈이 타다 버린
유모차 보시고 당신께서 자가용 하시려기에
미안하고 죄송한 마음으로 녹슨 곳에 은색 페인트칠하고
소지품 보관대에 자투리 장판 깔아
신차 만들어드렸더니

한없이 기뻐하시던 당신
수백 년생 마을 느티나무 아래 모이신
어르신네 앞에 자식 자랑하시며 당당해 하시던 당신

유모차 핸들만 잡으시면 날쌘 제비처럼
빨리빨리 다니시던 당신

벌써 저 강을 건너가신 지 계절이 열 번 바뀌었습니다
어머님 그 손자가 동짓달이면 장가를 간답니다

새 유모차 못 사 드린 불효자
오늘도 당신이 남기고 가신 따뜻한 정 앞에
무릎 꿇고 엎드려 웁니다

거꾸로 걷는 새벽길

새벽길 걸으며 하늘 한 번 쳐다봅니다
가로등 불빛에 피어나는 안개꽃 사이로
무거운 발걸음 어둠을 차내며 걷습니다
밤과 낮 시간을 잊은 채 달빛은 흐르고
쏟아진 별빛도 냇물 위로 떠내려갑니다

밤 언저리 숲속 오리가족 속살거림은
집 잃은 왜가리의 기도처럼 들립니다
살아있어 걷는다 걸어야 산다는 믿음
삶이 걸어가는 발자국만큼 바쁩니다

산과 산으로 둘러싸인 하늘 올려다보면
물감이라곤 구름 몇 점 이슬 말리는 바람
하늘하늘 꽃을 피우고 재롱을 떱니다
하얀 눈송이 신부로 사뿐히 내립니다

땀에 젖은 멍에 발걸음이 빨라집니다
호수에 담긴 하늘도 숨결이 벅찹니다
무게의 중심은 늘 욕망으로 기울고
바람 지우개 한 번이면 곧 흩어집니다

밤과 낮 순리를 거역한 가로등 불빛은
진화의 속도를 재촉하듯 잠든 숲 깨우고
어둠을 밟고 다니는 네 바퀴 자동차
이성의 문턱 넘어 영혼 양식 구합니다

나는 누굴까

돌덩이 미아가 울고 있습니다
어디서 왔는지 기억을 못 합니다
이름은 아메리칸 안데스입니다

귓불을 스치는 바람에게 묻습니다
햇살에게 여쭙고 안개구름에게도
새벽이슬도 모두 손사래 칩니다

세월의 볕에 까맣게 응어리로
정지해버린 나는 누구입니까
가족의 손 놓은 방랑자입니까
손톱 자라기 종류석 세월입니까

삶은 깃털처럼 살아야 한다
부동의 미아처럼 무겁게 빌딩 숲 바라보며
옛적 이야기를 씁니다

집 잃은 돌아이 운명적 삶도
땅에서 증발하여 땅으로 내리는 비
추우면 얼음 끓으면 물이 됩니다

물이 생각한다 뚜벅뚜벅 걷는다
물과 동반자 얼음과 돌이 걸었다
그 흔적 알지 못했다 빙하기라고

황혼의 변곡점

부엉이는 낮달을 보며 노을을 그렸다
황혼이 아름답다지만 떨어지는 꽃이라
마음 한 구석 늘 쓸쓸하고 위태롭다
삶의 터전 어딘지 모르고 밭을 갈고
그 시절의 개구리는 아직 우물 속이다

물밑 연어가 바람을 타고 방황하고
구름 속 금붕어 빼금빼금 숨 가쁘다
절 떠난 비구승 깊은 수렁에 허덕이고
개울물은 강물과 합쳐 어디로 가는지
가슴은 아직도 바다가 어딘지 모른다

슬프다 이 또한 우주의 먼지일 뿐
그대 누군가 죄인은 어디서 왔는가
비탈진 길 꿈꾸며 생은 어디로 가나
안개 길 휘청거린 발자국이 허무하다
사하라 하늘 하마탄은 언제쯤 잠들까

마귀의 유혹이 육신의 갑옷을 벗길지
모르지만 영혼만은 빼앗지 못할지라
바람의 조화 변형일 뿐 소멸은 아니다
변곡점이 보인다 저기 높은 바위 틈새다
단풍잎보다 뿌리 깊은 한 그루 소나무

몽시

바람이 멈추면 바람이 아니듯
시간이 어찌 제자리에 있을까
세월은 파도의 소용돌이처럼
우리네 인생을 휘감아 속절없이
어디론가 항해하는 돛배이련가

넓고 넓은 우주의 한 조각이련만
어찌 인생에 정답을 찾으려 하는가
인과 연 삶의 실타래 풀어가는 것
한줄기 바람에 실려가는 구름일 뿐

밤하늘 수많은 별 유성 되어 흐르듯
영원한 존재란 착각 속 꿈일 테지
한 번뿐인 삶 속박의 늪에서 뛰쳐나와
자연의 포근한 품속으로 안겨보자

수만 종 꽃도 향기도 아름답지만
잘 물든 단풍도 예쁘지 않는가
동트는 하늘 석양이 아름다운 것은
자연의 섬세한 연출 때문이 아닐까

현실의 그림자 밤마다 꿈을 꾸듯
인생의 수레바퀴 멈추는 그날까지
언어와 글자의 소중함 깊이 새겨
몽시랑 몽시랑 로망 찾아 몽시랑

이끼

넓고 넓은 세상에
앉을 곳이 여기더냐

뿌리 하나 내릴 곳 없는
차가운 바위벽에
봇짐 풀고 생을 던졌네

바람결에 씻겨가는
알갱이 먼지마저 품으며
밤이슬 양식 삼아
고적한 세월 삼키는 생명이여

꽃도 향기도 감추고
뫼 바위틈에 멍석 깔고
무정한 하늘만 쳐다보며

이제나저제나
단비를 인내하는 무명초여

푸르른 생명력이 내 영혼은
부끄러워 고개 떨구네

김병호

boeun2030@naver.com

작품

- 소망
- 봄의 전령
- 감기 몸살
- 처음사랑
- 낙엽
- 그렇지 않다
- 시인의 봄은 장날이다

프로필

- 전북 남원 출생
- 계간 『시세계』 시 부문 등단
- 시세계문학상 본상 수상
- 문학세계문인회 회원
- 시집 『보은 가는 길』

소망 외 6편

처음 시작도
처음으로 하는 마지막도
결코
감당해야할 혼자만의 몫입니다.

백열등 온기로
엄마 품이 아닌 베이비박스에서
세상 먼저 홀로서기 했다
위안을 건네봅니다.

추운 겨울에도
빨간 꽃봉오리를
결코 놓지 않은 동백처럼
소망으로 쓰실
하나님의 기대를
함께 기도합니다.

낙엽

가지를 찢고 쪼개어
새순의 머리가 촉촉한 분 내음 날리며
세상 빛 첫날을 알린다.

찌는 더위에 삶은 궁핍해지고
쏟아붓는 빗줄기에
푸른 날은 강퍅해진다.

앞만 본 날이
백발에 주름을 긋고
나를 닮은 결실에
당연히 머리 숙인다.

무엇 하나 아낌없이
던질 줄 아는 삶
미련 없이 손을 놓고
대지 위에
한 해를 내려놓았다.

봄의 전령

물 막힌 겨울 대지 위
산꼭대기 가지마다 숨결을 돌리고
분주해진 아지랑이는
아침을 기상한다.

따뜻한 햇살이 동면을 깨우고
비틀고 말린 뿌리까지
생명을 예고한다.

움츠린 허전한 가슴에
자신이 위축되고
인생 돌파구를 찾아 해매일 때
외로운 봄의 여인은
한 번의 설레임에도
황홀한 사랑에
전생을 불태웠다.

그렇지 않다

엄마와 딸은 할 얘기가 많다.
아빠와 아들은 할 얘기가 많지 않다.

장가 못 간 아들보다
시집 안 간 딸이 걱정된다.

자주 찾는 아들이 효자이다.
용돈만 보낸 며느리는 서운하다.

아들은 한숨이고 딸은 비행기이다.

잘 키운 아들딸이 노년을 책임진다.

감기 몸살

봄 햇살에
벗어던진
겨울옷이

봄바람에
혼이 났다.

시인의 봄은 장날이다

없는 새벽잠에
살 게 없나 찬장 보고
깨 한 되를 볶아본다.

사계절 옷 한 벌에
립스틱 찍어 발라
잃은 미소 엉뚱하다.

헛배 부른 설레임에
물밥 들어 먹는 둥
님이 가실세라
허리춤에 치맛단을
움켜 넣는다.

시간은 기다림을 재촉하고
올라탄 봄 등에
언덕 넘어 뭉실 구름 춤을 춘다.

새순은 봄물을 머금고
봄바람은 내 가슴을 터뜨렸다.
시인의 봄은 장날이다.

처음사랑

당신의 오늘은
환한 미소로
만나는 사람들의
축복입니다.

당신의 오늘은
행복을 키워가는
기쁨입니다.

당신의 오늘은
삼백육십오일 지나
오늘을 기다리게 하는
설레임의 시작입니다.

오늘이 당신이어서
최고입니다.

김장미

rose353541@gmail.com

작 품

- 점멸, 꺼져가는 가슴에 등 밝히고
- 난곡동 마리아
- 어느 시인의 뼈
- 설중매(雪中梅)
- 순백의 이별
- 로렐라이 언덕의 사마리아
- 매듭

프로필

- 경북 영천 출생
- 월간 『문학세계』 시 부문 등단(2016년)
- 문학세계문인회 정회원
- 한국베이비박스문인협회 회원
- 시집 『사랑은 말도 없이 눈물이 되어』
- 공저 『베이비박스에 희망을 싣고』(제3집~제5집)

점멸, 꺼져가는 가슴에 등 밝히고 외 6편

야윈 어깨를 들썩이며 목울음 우는 가여운 이여
머나먼 방랑의 끝에 다다르면 한켠에
부디 달방을 얻고 등을 밝혀 주세요

아픔이 머문 그곳에 갈 수만 있다면
이 몸을 빌어 대신 아파하며 울어주고
흔들리는 어깨는 내 주머니에 넣어 품어 줄게요

서른 번의 달이 뜨고 지는 동안
밤마다 빌려 온 소망별의 금빛 가루들과
치유의 밤이 내어준 반짝이는 반딧불을
그대의 굽은 등에 정성껏 심어 줄게요

별이 빛나고 소슬 바람 봄소식을 알려올 때면
마른 고치에서 깨어나 금빛 날개를 펄럭이며
깜빡 깜빡 수신호를 보내주세요

시작점에서 꼬여 버린 전등을 갈아 끼우고
어둠에서 시작된 그림자의 굽은 어깨를
꼿꼿하게 설 수 있게 다림질해 줄게요

그러면 그리하면 당신은 오늘 밤
죽지 않고 살아나 소멸되는 가슴에
등불 하나 환하게 살려 주겠지요

난곡동 마리아

수없는 기도 속에서 퍼지는 파멸
한 걸음 한 걸음 디뎌온 발걸음
헤매이던 어미는 치매가 걸리고
그저 그랬거니
담담히 묻혀 버린 기억
내 어미도 내 어미의 그 어미도
몰랐을 무채색의 아픔

울며불며 매달리는 선홍색의 여린 핏덩이
저리도 서글피 어미를 부르는데
돌아서는 발걸음은 눈도 귀도 없습니다
서슬 퍼런 겨울바람만 울어 에이고

마리아 마리아 난곡동 마리아
내 어미가 내 어미고 내가 내 어미다
마리아 마리아 난곡동 마리아
내가 어미다 내가 내 어미다
울지 마렴 울 애기

어느 시인의 뼈

소리에도 뼈가 있다는 어느 시인의 글에서
까슬하게 올라오는 물음표 하나가 박힌다
도대체 이 무슨 괘변이라는 말인가 싶어
그의 책을 샅샅이 뒤지고 털어 반나절을 꼬박 세우다
그에게 빠져 환란을 보았다
거친 입에서 불쑥 튀어 나오는 뼛조각
검은 점 하나가 나오더니 점점 몸을 부풀려 나갔다
점은 선이 되고 선은 자음이 되고 모음이 되고
급기야 화려한 색채로 눈을 현란시킨다
아름답다 눈이 부시다 눈물이 난다
이것이 그것이었다
맞춰진 하나의 피조물을 끌어안고 오열하는 나를 본다
글이랍시고 글쟁이랍시고 끄적거리며 절룩거리는 다리를
꼬고 앉아
싸구려 풋내 품은 애송이 글쟁이를 본다
게워 낸 풋 냄새 언제쯤 익으려나

설중매(雪中梅)

뭐 그리 급했던가 백설은 날리는데
각시손 성급하다 핏물 든 아픔 물고
홀연히 날아올라서 임 그리는 꽃이여

인연이 아닌 것을 속앓이 한이 되어
하얗게 흩어질 제 찾아든 그리움이
짙어진 목메임으로 꽃물 들인 임이여

벌써 와 어이 하나 안쓰러운 마음결이
가녀린 가지 끝에 참따랗게 내려앉아
덮어준 아린 생채기 설중낙화 하누나

순백의 이별

당신을 그려 넣었습니다
어느 한곳 미운 곳이 없는
아주 고운 얼굴 그리고 미소

바람이 불었습니다
홱 토라져 차갑게 지나가더니
지워져 버린 눈코입 그리고 사랑

새하얀 도화지 있습니다
주제도 없고 제목도 없는
무채색의 밑그림이 물빛으로 젖은

그대 알기전의 빈
비어 버린 빈 채워지지 않은 빈
모든 것이 무가 되어버린 순백의 정점

로렐라이 언덕의 사마리아

늦은 오후 늘어진 LP판
식어가는 커피도 하품을 한다
문득 있을 자리의 어긋남이 물음표를 던져놓는다
어쩌면 서툴게 철든 여자의 오십 춘기쯤
끓어오르는 청춘이 감당이 안 될 만큼
활화산일 때가 있었다
잴 것 없는 직진 무서울 것이 없었지

로렐라이 언덕은 천하무적이야

그녀의 노랫소리는 그 누구도 거역할 수 없는
성난 군중도 잠재웠을 거부하지 못할 그것
갓 열세 살을 넘긴 단발머리 여자아이
줄줄이 엮인 동생들 학비 보태느라
고등학교가 뭔지도 모르고 방직 공장에 들어앉아
한 땀 한 땀 청춘을 노루발에 올려놓았지
촘촘히 박혀버린 무수한 일렬
행여 그것들이 원단을 망쳐
천 원에 팔려 나간 누런 봉투 속
뜨거운 붕어일지라도
온몸으로 버텨낸 영혼의 앙꼬같이
질퍽한 사마리아처럼

매듭

얽힌 매듭에도 깊고도 까슬한 그들만의 규칙은 존재한다

아래 것과 위 것의 순서와 들어가고 나가는 것들의 순번
교차하는 그것들의 교집합을 교묘히 피하며 만들어낸
피타고라스의 정리보다 더 간교하고도 치밀한 계략

인간의 내면과 겉면을 곱하고 더하고 나누고 빼도
쉽사리 풀리지 않을 그 형체 없는 까슬한 결탁
무릎과 무릎 사이에 숨겨진 깊음보다 더 깊은

통증이 자라나 발기된 이기심이 욕정을 풀어낼 수 있는
인간의 끝없는 변칙을 *호오포노포노로 풀 수 있는
얽힌 곳마다 읽어내고 분석해야 하는 규칙이 있다

문문자

ssiloam@hanmail.net

작품

- 가족
- 푸른 낙엽
- MK303 텐셀의 여행
- 생일
- 겨울 아이
- 김장
- 5월의 어머니

프로필

- 경북 김천 출생
- 계간 『시세계』 시 부문 등단(2015년)
- 대한민국 독도문학상 대상 수상(2017년)
- 대구 3H 지압침대 실로암센터 운영
- 3H 지압침대 본부장
- 시집 『지슴들도 사랑하면 연리지가 될 거야』
  『처음으로 가는 연습』

가족 외 6편

뜨거운 태양은 예외 없이
지친이의 어깨를 불태우고
오히려 검은 먹구름이 위로하듯
한 바가지 소나기를 선사한다

나뭇가지가 살아 있다는 건
부러지지 않고 쉼 없이 흔들리는 것
바다의 파란 생명력 또한
쉼 없는 파도의 부서짐에 의한 것

세상은 바람 타고 흔들리다
외로움과 고독에 머물면
가슴 터지게 울부짖기도 하고
사탄의 늪에 빠져 허덕이기도 한다

어차피 홀로 가야 하는 길
여름날 태양도 죽일 듯 외로움도
깊은 숙제를 풀며 핑계의 이유가 없듯
짓누르는 중독을 이겨야 한다

파랗던 이슬의 눈망울이
게임의 유혹에 붉게 멍들었지만
잠시 지나는 소나기에 젖은 옷일 뿐
먼지를 씻고 새 옷을 입고
단장의 시간은 아직도 충분하다

흔들리는 나뭇가지를
어미 나무는 자르지 않는다
설령 뿌리가 뽑혀도 좋은 것을
나무의 존재 이유는
몸부림치는 나뭇가지에도
단지 빨간 열매를 소원할 뿐이다

토닥이기엔 너무 큰 아들
깊은 풀섶에서 업어 낼 순 없지만
오늘도 기도한다
단 한 명 누군가의 편에 서야 한다면
아린 가슴을 눈물로 씻고서라도
아들의 등 뒤 그림자가 되리라고

평생을 후회 속에 살아간다
더 열심히 살지 못했을까
더 자식을 챙기지 못했을까
더 부모님을 사랑하지 못했을까
왜 아까운 시간을 낭비하며
핑계의 무덤에 비관하며 살았을까

무섭기만 하던 검은 먹구름이
타는 농심을 소나기로 식혀주듯
후회는 세상을 성장하게 한다
붉은 눈동자를 파란 눈망울로
가시밭 속에서 울던 아이도
엄마를 향해 날개를 펴게 한다

혼자 갈 수 있지만
같이 가야 하는 길
그것을 가족이라 부른다.

겨울 아이

첫눈을 꼬깃꼬깃 챙겨 모아
마음 산속에 작은 꿈 얼려 놓고

찬 서리 시려운 파도에도
소나무처럼 의젓한 겨울 아이

입마저 얼은 산까치가 가여울까
호호 아지랑이로 눈가지 털어 놓고
눈빛이 얼었을까 희미한 별나무에
밤이면 반짝반짝 꿈방울을 매달고

개구리 울음 울고 들꽃 활짝 웃으면
부르튼 손등에도 얼음이 녹겠지

하얀 눈 속에 얼려둔 꿈을 캐고
밤하늘 별님에 걸어둔 꿈을 따서

봄이 오면 소나무처럼
키 큰 아이가 될 거야

푸른 낙엽

피끓는 함성 젊음의 자리엔
한 맺힌 통곡의 메아리뿐

옥죄던 코로나의 저주에
푸른 낙엽들이 눈물에 섞여
이태원 거리를 적신다

세상은 울긋불긋 꽃피는데
오색꽃을 피우기도 전에
푸른 낙엽으로 지는가

짧았던 여행 돌아보지 말고
어둡고 무서운 거리도 잊고
높은 하늘로 훨훨 날으라

엄마 없는 천국이라도
친구 없는 천국이라도
부디 안식하길 기도한다

김장

100만의 페르시아군을 상대하던
300명의 스파르탄이 있었다면
300포기의 배추 군단을 이끄는
김장의 전사가 있다

하늘을 찌를 듯한 혈기를
소금물로 차분히 진정시키고
풀이 죽어 시들해지면
맑은 물로 잠을 깨운다

붉은 갑옷으로 치장을 하고
한 겹 한 겹 팔짱을 끼고
하루를, 어쩌면 일 년이 될지도
저마다의 전차에 몸을 싣는다

언제부턴가,
김장이 특별한 일이 되었다
이때쯤이면,
누구나 당연한 일이 되었는데

겨우내 지치지도 않고
밥상과 한몸이 되어 살고
우리네 옆집네 앞뒷집네
손길마다 전부 맛이 달랐었지

한바탕 전쟁을 치르고 나면
팔 다리 머리 허리
고장 난 붉은 상처투성이
온몸에 굳은 양념 덩어리

줄지어선 김치통이 정겹다
먼 곳으로 시집도 떠날 테고
겨우내 잠자리도 챙길 테고
이웃집 막걸리 안주도 되겠지

지친 행복에 찡그린 웃음을 본다
지압 침대에 누워 큰숨을 쉬며
짧은 평화를 선언한다
숨은 300의 배추 전사에게

MK303 텐셀의 여행

토닥토닥 내 사랑아
Mk 303 텐셀 이불로 지켜주련다
더울 땐 시원한 바람이 되고
추울 땐 따뜻한 외투가 되리라

유칼립투스를 가슴에 품고
수분을 들숨날숨 줄 당기며
이슬방울 아기 피부를 감싸듯
영혼의 상처와 통증을 감싸 안은 치유의 손길

건강의 푸른 날개를 달고
속에는 구름 포근히 머금고
Mk 303 텐셀 두 번째 꽃을 피워낸 사랑을 얼싸안고
별의 노래를 차려입었다

구름 이불속으로 여 이던 걸음도
가로등 켜진 골목길 앞에 다다랐다

그대여 좋은 꿈만 꾸기를
그대여 고운 꿈만 꾸기를
Mk 303 텐셀 이불에 내 마음이 있고
내 마음속에 당신이 있다오.

5월의 어머니

하얗게 세월이 흘렀어도
푸른 5월의 마음으로 지켜선 어머니
낳으시고 기르시고 토닥이시고
세상을 만드신 조물주의 어머니

변함없이 피고 지던 5월의 꽃들이
어느새 한창 세상을 덮었지만
어머니 눈가엔 세월의 흔적이 또 쌓이고
약속한 시간의 열차는 지칠 줄도 모르고

세상에 속고 자식에 속아주며
외로운 걸음마로 나이를 밀어내기도
평생을 약속하던 끈을 잡고 있어도
낮아진 기침소리에 볼수록 애만 태우기도

가늠할 수 없는 우주의 세상보다
더 크신 은혜를 작은 가슴으로 낳은 당신
새소리 바람소리 꽃들의 지저귐에
이젠 휘어진 다리를 내려놓으세요

석양마저 잠든 요양의 하얀집을 버리고
인연의 꽃들이 웃으며 반겨주는
인생을 치유하는 실로암의 낙원에서
3H와 함께 행복한 5월을 꿈꾸어요.

생일

나를 놓을 수 없기에
무거운 날갯짓도 애써 운명처럼
날지 못한 발걸음이 이끌고 있다

한낱 내 생명이 우주로 온 날이
그 소중함은 나만의 착각일까
어느덧 물걸음보다 빨라진 시간이
기쁨보다 원망에 한스럽다

잰걸음이나 거인의 걸음이나
원망하고 부정하고 살 시간 앞에
나의 낙엽이 바람에 졌음이니
쓸쓸히 늙어감에 취할 순 없음이니

하얀 유혹의 겨울을 부정한다
나약한 심신이 부끄러워도
오늘 또 묵묵히 새로 태어남을 외치며
화려한 꽃구름에 얼굴을 묻는다

나를 따라 여기까지 왔다
소슬한 듯 별빛의 고요한 내 모습도
비빌수록 침침한 갈색의 눈물바다도
다시 나서는 아침에 침묵일 순 없음이다

축복의 노래에 찰진 채찍이 날린다
꽃들의 응원에 미소로 주름을 펴고
식은 가슴과 휘어진 몸을 추스르고
나 태어난 오늘 또 태어났다.

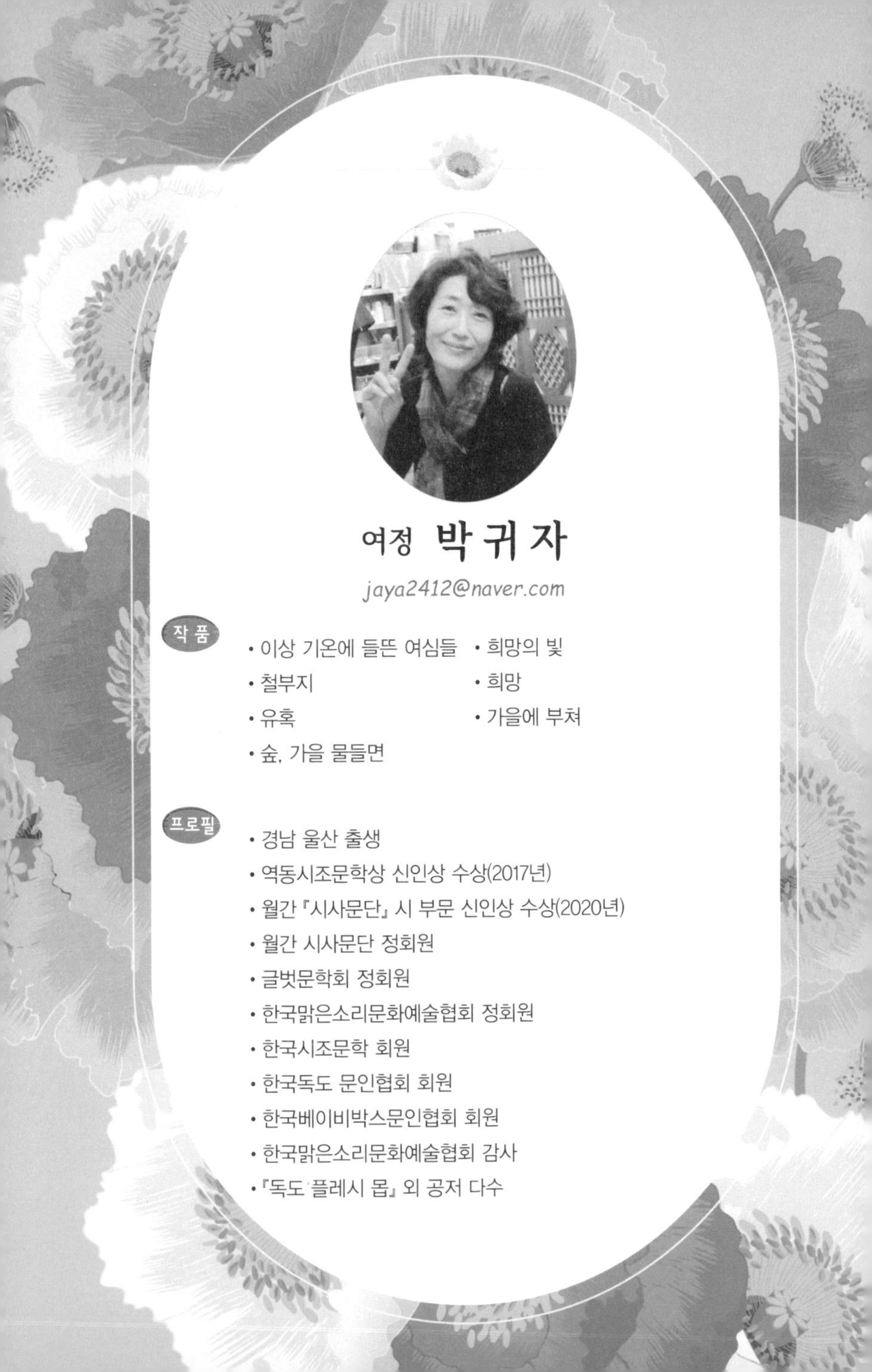

여정 박귀자

jaya2412@naver.com

작품

- 이상 기온에 들뜬 여심들
- 철부지
- 유혹
- 숲, 가을 물들면
- 희망의 빛
- 희망
- 가을에 부쳐

프로필

- 경남 울산 출생
- 역동시조문학상 신인상 수상(2017년)
- 월간 『시사문단』 시 부문 신인상 수상(2020년)
- 월간 시사문단 정회원
- 글벗문학회 정회원
- 한국맑은소리문화예술협회 정회원
- 한국시조문학 회원
- 한국독도 문인협회 회원
- 한국베이비박스문인협회 회원
- 한국맑은소리문화예술협회 감사
- 『독도 플레시 몹』 외 공저 다수

이상 기온에 들뜬 여심들 외 6편

엇갈린 계절 앞에
꽃들은 웅성인다
들뜬 맘 앞서나온
봄의 전령 터질 듯
부풀은
속앓이하며
터질 듯 아파한다
명자가 붉은 입술
깨물고 개나리가
노랗게 눈이 부신
11월의 미쳐가는
헛헛한
하품 한 번에
지고 마는 계절 꽃

희망의 빛

열 달을 어둠속에 사랑의 줄
놓지 않고 인자한 목소리로
얼러주고 달래주던 사랑
세상 빛 따라 나온 그날이
이별을 위한 시작인 걸 알았을까요
애간장 녹이는 아가의 울음소리
귀하디귀하건만
기뻐 함께 울지도 못했던 엄마의 고통
언제인가 알까요

무거운 발걸음 옮기며 작은 공간
홀로 남겨두고 돌아서는 마음
하염없이 흐르는 모정의 아픔의 눈물

어미 품 떠나 마주한 첫 품속
귀한 사람 되기만
빌고 빌었을 간절한 희망의 빛
맴도는 온기가 아기를 포근히 잠재웁니다
꿈속에서 누굴 만나 저리 방긋방긋
웃으며 감동시키는지
세상에서 젤 행복한 미소가 얼굴 전체에서
천사의 미소가 잔잔히 흐릅니다

수많은 미혼모의 속앓이
누가 그 맘 알까요
현실은 차갑고 따가운 시선에
선택한 유일한 안식처
베이비박스 속 아기들의 내일을
밝게 밝혀 미래의 훌륭한 큰사람
큰 일꾼 되어 길이 남을 귀한 사랑으로
거듭나길 간절히 바래본다

철부지

니가 왜
내 눈에 띄어

내 발길
잡는 건지

호기심
숨길 수 없어
다가가 맞춘 입술

바람에 치맛자락
낙엽 따라 하늘하늘
외롭게
오가는 발길
붙잡아 유혹하네

희망

미련이 많이 남아
아직도 빙빙 도는

마지막 잎새 하나
바람에 흔들린다

바람은
보채보지만
떨구지 못한 희망

유혹

어둠을 가로지른
은빛 지느러미가

춤추듯 살랑살랑
밤을 가로지른다

은비늘
벗겨 탐닉한
부드러운 속살들

탱탱한 살결 속에
담백함 더해주니

숙성된 바다냄새
혀끝에 녹아난다

속살을
핥으며 번진
미소가 흔들린다

가을에 부쳐

계절을 돌다 보니
스치듯 지난 인연

하루를 걷는 길에
불현듯 생각나는

그리운
모습 떠올라
붉어지는 수줍음

청춘은 한때라네
천만년 장담 마소

어제 일 내 모르고
이 밤이 또 있을지

그리워
지난 추억을
소환해 들춰본다

숲, 가을 물들면

시인의 뒤안뜰엔
수많은 사연들이

불러줄 날들만을
손꼽아 기다린다

오늘을
전개할 언어
모두에게 기쁨이길

수천 개 수만 개의
시어들 별이 되고

흩어진 가을만큼
쌓여진 낙엽편지

오늘은
고백해야지
사랑해 내 가을을

손미경

yisabel801@naver.com

- 화분
- 쳇바퀴
- 멸치
- 고드름
- 첫눈
- 중증 치매환자 울엄마

- 전북 진안 출생
- 월간 『문학세계』 수필 부문 등단
- 문학세계문인회 정회원
- 한국베이비박스문인협회 정회원
- 아동문학세상 정회원
- 공저 『독도 플래시몹』 『아동문학 세상』 『다솔문학』 『한국시조문학』 『천성문학』 외 다수

화분 외 5편

겨울을 이겨내며
예쁘게 자라다오
정성을 다한 손길
화분에 물을 준다
며칠을 비운 그 틈에
꽃을 피운 울아기

추위를 견딘 것도
대견한 일이건만
어여쁜 인연 하나
남기는 선물까지
행복을 가꾸는 자리
너와 함께 가는 삶

고드름

아침 창 베란다에
거꾸로 자란 심술
겨울이 앉은 자리
커져간 언중유골
뼈있는
말들 줄줄이
세워놓는 SNS

첫새벽 내린 눈꽃
고독이 맺힌 걸까
투명한 언어들로
가득 찬 은빛 세상
차디찬
바람 불수록
참았던 말 쏟는다

쳇바퀴

이 세상 살아가는
수많은 다람쥐가
하루를 돌리면서
고민을 마주한다
자기가 원하는 일을
순간순간 하듯이

그렇지 않을수록
큰돈을 벌기 위해
어쩔 수 없이 사는
날다람쥐 춤을 춘다
인생을 살아가면서
재미조차 거세된

사는 게 스트레스
일상이 힘겨울 때
우아한 음악 듣고
취미 삼아 돌린 웃음
샘솟는 기적의 활력
긍정적인 마인드

첫눈

날씨가 쌀쌀해져
옷깃을 올린 오늘
눈 시린 하늘 너머
그대가 찾아올까
하얗게 가슴 적시며
달려오는 꿈꾼다

그대가 오기만을
기다린 가을 내내
설레는 마음 풀어
붉은 빛 그린 풍경
초겨울 들녘도 덮을
사랑가를 부를까

그대가 오는 순간
겨울 속 걸어가서
눈사람 만들듯이
사연을 남겨볼까
신나고 정겨운 시간
썰매 끌고 만난다

멸치

어릴 적 엄마 함께
멸치를 까던 추억
손끝에 남은 잔뼈
통통한 운동 신경
태평양 넘나든 근육
입안 가득 씹힌다

사력을 다해가며
물길을 타는 유영
은빛의 햇살 몰고
낙조에 물드는가
가을을 익혀내듯이
액젓마저 우릴까

바람을 볶아내듯
고추장 쓱쓱 풀어
그리움 절여가는
고소한 몸둥아리
칼슘을 띄우는 요리
자글자글 졸인다

중증 치매환자 울엄마

울엄마 기분 좋아
까르르 웃으신다
얼마나 허전하고
외로움이 크셨을까
옛세계 사시는 동안
치매환자 꼬리표

아득한 옛날 얘기
웃음꽃 피는 자리
반기는 모습 보니
은연 중 안심 되듯
하얀 이 드러낸 얼굴
마음마저 놓인다

以瑟 손장순

sjs25087@naver.com

작품

- 봄
- 해바라기 사랑
- 녹아드는 나이
- 들꽃
- 천사의 미소
- 나
- 가을

프로필

- 전북 무주 출생
- 시인 · 시낭송가
- 계간 『시세계』 등단(2016년)

봄 외 6편

두근두근
봄바람 타고

소곤소곤
꽃 피어나는 소리

사르르사르르
잎 피어나는 소리

살랑살랑
꽃바람 되어 내게 온 봄

여기도 저기도
살포시
어느새 봄꽃 가득

온통
봄꽃에 물들어
나도 꽃이 된다오

천사의 미소

쇳덩이의 싸늘한 품은
구멍 난 모성에 찾아들고
잃어버린 탯줄은
쓰레기통에 처박혀도
꿈을 꾸듯
아이는 웃는다.

화장실 바닥에 뒹구는 모성
이불에 싸여
철장에 버려지고
쓰레기통에 버려진 모성은
눈물 없는 죄책감 대신
'그래도….'라는
합리성을 쇳덩이 박스에 봉인한다.

베이비박스에서
다시 태어난 여린 생명 하나
어미의 젖가슴 대신
싸늘히 식은 우윳병에 허기를 달래고
버려진 어미의 향기에
어미를 꿈꾸며
환하게 웃는다

베이비박스에
천사의 미소가 가득하다.

해바라기 사랑

보고 싶은 나의 마음
내 님은 아시려나

임 볼 수 없는 난
고개 숙여 기다리네

구름 뒤에 숨었나
그리움 뒤에 숨었나

보고 싶은 마음
고갤 들어 전해보네

무심한 구름
먹구름 되어 울리고

지나가는 바람
흔들며 위로하네

바람이 지나가고
고운 님 얼굴 내밀면

기다리던 해바라기
부끄러워 고개 숙이네

나

밝은 듯하나
여린 마음
가슴속 묻혀있어

세상사 지쳐가도
웃음은 잃지 않아

온 곳 기억 없어
속마음 슬피 울지만

선택한 길
외로워도
걸음걸음 걸어가네

온 곳 본신은
아름다워 빛을 내나
기억 속 잠겨있어
머무름 되어 지쳐있네

세상사 지나
온 곳 알게 되면
그때서야 이 괴로움
이유를 알게 되려나

나도 나를 모르는데
어찌 나를 알 수 있으리오

너도 나도
서로를 알자 해도
각자가 자기를 모른다 하오

요즘 세상에 무엇에게
나를 빼앗겼나 찾아봅니다

녹아드는 나이

향기로운 봄날
설렘은 꿈이었나
푸른 향기에 배인
청춘이
하나 둘
햇살에 젖고
바람에 흔들리고
비에 힘없이 스러지는
가을날의 상념이었나

현실이라는 무게 앞에
꿈은 먼 이상이 되고
푸르름도 황혼에 젖어
붉게 물든
생의 가을

화려한 무지개 같은
꿈이었나
겨울빛 머릿결에
국화 향 그윽하던 날
세월은
생의 계절 속으로
회색빛 주검 속으로
서서히 녹아들고 있다.

가을

높은 하늘 알록달록 단풍잎
그길 따라가면
가을꽃 눈 마중 인사하며

꿈을 꾸듯 입김으로
내 사랑 묻기도 하지

마음 놓고
산들 눈빛으로 물들여가며

풀벌레 소리 따라 걷다보면
그곳에 네가 있으려나
이 가을에

들꽃

들꽃은 한마디 말이 없다
그냥 피었다 지면 그뿐

있으면서도
없는 듯
자랑도 없이
안달할 것도 없이
세상의 한 모퉁이
가만히 머물다 가면 그뿐

달빛만이
꽃잎에 앉아
바람이 슬다* 지나는 발걸음
몰래 감싸줄 뿐

*슬다 : [옛말] 스러지게 하다.

신현각

hks1072@daum.net

작품

- 한계
- 고란사 소경
- 새벽
- 여물지 않은 나
- 부고
- 아우성
- 한숨

프로필

- 전북 부안 출생
- 계간 『시세계』 시 부문 등단(2015년)
- 『대한문학세계』 시조 부문 등단(2015년)
- 『한국시조문학』 시조 부문 등단(2015년)
- 문학세계문인회 정회원
- 한국베이비박스문인협회 회원
- 그루터기 앉아 쉬는 바람 동인
- 공저 『베이비박스에 희망을 싣고』(제1집~제5집)

한계 외 6편

꿈을
포기하지 않으면
한계란 없다
한계란
내가 정하는 것이다
나의 무대에서 신나게 즐기면 목표를 이룰 수 있다

부고

방문 문고리에 걸린 크나큰 홍시감 하나
하루 온종일 자식새끼 기다리며
그리움에 허기진 배
달래가며 자식 생각하며 뒤돌아갔을 어머니 생각에
꺼억꺼억 울음을 토해 봐도
어머닌 삼베옷에 꽃상여 타고 하늘로 꽃놀이 가시었지
여긴 지금도 꽃이 한창인데...

고란사 소경

뜨겁게 불타던 사랑 식어
길가에 나뒹구는 낙엽처럼
마음은
이리저리 휘둘린다
강물에 뛰어든 하늘은 맑고 차가운데
사랑한 님은 나룻배에 몸을
실어 떠나며 뒤도 돌아보지 않네
백마강에 떠다니는 사연 담은
바람은 시린 가슴을 후벼 파는데
고란사의 종소리는 구슬프게도 운다
백화정의 시인 묵객들은 무엇이 그리 좋은지 한 잔 술에
시어를 강물에 띄워 그림을 그린다
고란사의 겨울은 시리고 차갑기만 한데도
인생이 다 그런 것처럼 돌고 도는 계절처럼 변화무쌍하다지만
옛님은 떠나고 없어도 고란사는 늘 그 자리에 있구나

아우성

마음이 소리를 냅니다
놓지 못한 마음 묵상하며 마음이 가는 걸 두려워말며
순간순간을 사랑하라 합니다
계절을 사랑하고 인연을 사랑하라 하네요
마음이 마음을 사랑할 때 평화가 옵니다

새벽

어둠은
힘껏 움켜쥔 손아귀에서 하나둘
만상을 제자리에
내려놓고 있다

한숨

무디어진 감성을
어둠에 묻고
붓을 쥔
시인의 가슴은
먹물로 그려내는
한숨입니다

여물지 않은 나

지금이라는 현실에서
조금만 멀어지면 불안해하는지 모르겠습니다
이제는 익숙해질 때도 된 것 같은데
아직도 여물지 않은
나 때문이겠지요?

우현식

woos452012@naver.com

- 사위어진 마음
- 어느 봄날에
- 고래를 보았다
- 희망, 너의 그리고 우리의
- 마지막 잎새
- 별 보러 가는 계단
- 펭귄의 꿈

- 계간 『시세계』 시 부문(2015년), 시조 부문(2016년) 등단
- 계간 『시조문학』 시조 부문 등단(2016년)
- 한국베이비박스문인협회 회원
- 한양문학문인협회 회원
- 공감예술문학협회 회원
- 펜터테인먼트 소속
- 공저 『베이비박스에 희망을 싣고』
  월간 『시집 그리고 에세이』 외 다수

사위어진 마음 외 6편

동녘 저 산은 붉게 물들어
제 가진 걸 다 내어줘도
오매불망 애타게 기다리는
임 소식은 아니 보내니
송골송골 밤새 응어리진
내 눈물 흘러내리네

서쪽 저 하늘 수줍게 물들며
너른 품에 모두를 보듬어도
애타게 불러보는 그 이름은
어이해 감싸주지를 않나
철썩이는 파도 소리만
답답한 이내 가슴 때리네

오늘도 힘없이 돌아서는
무거운 그림자 위로
그대 그리움에 사위어가는 이내 맘

마지막 잎새

사랑이 가득했던 그때는 몰랐었다
그대가 나에게는 봄날의 햇살이고
남겨진 시간 앞에서
그리움에 사무칠 줄

익숙함에 소홀했던 지난날의 추억들
뒹구는 낙엽 되어 가슴에 흩날리니
쓸쓸한 겨울비처럼
밀려오는 아련함

떠나간 시간일랑 낙엽 아래 묻어두고
다시금 꽃을 피울 봄날을 기다리니
마지막 잎새와 같은
희망으로 함께하리

어느 봄날에

정적만 남겨두고 홀연히 떠나시니
수양이 부족한 난 발만 동동 구르고
유구한 세월 속에 함께한 추억들은
심연에 달빛으로 일렁이듯 내려앉네

심금을 울리는 부엉이 울음소리
수려한 그대 얼굴 밤하늘에 그려보니
무심히 스쳐 가던 바람마저 흐느끼네
성광(星光)에 넋을 잃은 아름다운 봄날에

별 보러 가는 계단

뛴다고 인생길이 빠른 것도 아닌데
멀고 먼 인생 계단 무얼 그리 서두르나
가다가 뒤돌아서서
별을 한번 세리라

되돌아갈 수 없는 우리네 인생 계단
힘들고 고달파도 포기만은 하지 마라
저 멀리 계단 너머로
행복의 별 있으리

고래를 보았다

망각의 바다 위로 희망이 솟구쳤다
작지만 꿈 하나 가슴 깊이 간직하며
어둠 속 거세고 험한 시련이란 파도 뚫고

어제의 힘들었던 고통의 순간들은
망각의 바닷속에 모두 다 털어내고
고래는 새로운 꿈을 토해내며 솟구친다

펭귄의 꿈

치열한 일상 속에 설렘을 느끼려고
조용한 파문 하나 가슴에 품어본다
세파에 뒤뚱거려도 멈춤 없는 작은 꿈들

바람에 몸을 맡겨 눈보라 견뎌내고
품 안의 희망 위해 내 하나 비워내며
하늘을 날아오르는 비상의 꿈 꾸어본다

희망, 너의 그리고 우리의

우렁찬 울림으로 세상을 맞이한 너
새하얀 백지 위에 그려질 너의 꿈들
새벽녘 어둠 밝히는 아름다운 희망되리

움켜쥔 주먹 안에 앙증맞은 작은 꿈
꽃보다 향기로운 해맑은 너의 웃음
그렇게 다가온 너는 우리들의 희망이다

이 미 선

lyhlms@hanmail.net

- 우리 서로 행복하자
- 우리 사랑 무지개
- 화병(火病)
- 눈과 당신
- 양파 예찬론
- 다시 태어나도
- 등대

- 충남 논산 출생
- 유아교육과 졸업

프로필

- 계간 『시세계』 시조 부문(2015년), 동시 부문(2015년) 등단
- 월간 『문학세계』 수필 부문 등단(2015년)
- 한국베이비박스문인협회 『베이비박스에 희망을 싣고』 창작문학대상 수상(제2집, 제3집)
- (사)시진회 수안보온천 시조문학상 신인상 수상
- (사)시진회 수안보온천 시조문예축전 시조문학상(특별금상) 수상
- (사)시진회 수안보온천 시조문학상(작가상) 수상
- (사)한국시조문학 역동시조문학상(특별금상) 수상
- (사)독도문학상(본상) 수상
- 한국시조문학 작가상 수상
- 문학세계문인회 정회원
- (사)한국시조문학진흥회 정회원
- 한국베이비박스문인협회 회원
- (사)한국베이비박스문인협회 사무총장
- 어린이집 원장 20년 차
- 공저 『베이비박스에 희망을 싣고』(제1집~제5집)
  『한국을 빛낸 문인』(2015년)

우리 서로 행복하자 외 6편

아침이면 해가 떠오르고
밤이 되면 별이 반짝이고
달이 빛나는 것처럼
우리 서로 행복하자

씨앗 심으면 나무 자라고
나무 자라면 열매를 맺고
나무들이 모여서 숲 이루는 것처럼
우리 서로 행복하자

우리 동네 도랑물이 흘러 흘러
이웃 동네 시냇물에 합쳐져서
사이좋게 큰 강물로 흐르는 것처럼
우리 서로 행복하자

매일 웃고 토라지고 숨 쉬며
또 웃는 그런 평범한 일상생활과
땀 식혀줄 시원한 바람 불어오는 것처럼
우리 서로 행복하자.

양파 예찬론

눈물 난다 구박하고
냄새 난다 구석 신세
이리 뒹굴 저리 뒹굴
힘들게 굴러다니는 너는
무슨 생각 어떤 마음으로
하루하루 보내는 걸까?

여기서 부르면 달려가고
저기서 부르면 숨이 턱까지
차오르게 뛰어가서
불평불만 한마디 없이
어찌 그리 너란 놈은
마음이 태평양 같을까?

필요할 땐 한 겹 두 겹
실오라기 하나 걸쳐주지 않은 채
너의 속내까지 샅샅이
훔쳐보는 인간들에게
원망 한번 하지 않고
모두 내어주기만 하는구나

너란 놈은 인간인 나보다
더 베풀 줄 안다는 생각에
오늘 나는 너를 만지는 순간
아픈 눈물이 쏟아져 흐른다
너 자신을 내어줄 줄 아는
양파야말로 사랑이었구나.

우리 사랑 무지개

월요일엔
빨간빛 코트 입고 콧노래 부르며
마주치는 사람과 반갑게 인사를 했어

화요일엔
주황색 스카프로 한껏 멋 부린 후
거울 앞에서 한참을 서성였고

수요일엔
노란빛 하이힐에 쫄쫄이 청바지로
주위 사람 시선 한몸에 받았었지

목요일엔
초록색 명품 가방 들고
친구들 모임에 나가 누구라도 물어봐줄까?
가방 만지작만지작 지금 생각해도 미소 지어지네

금요일엔
파란색 커플티 입고
자기와 자주 갔던 카페에 다녀왔어

금요일인 오늘 밤 가슴이 콩닥콩닥
잠을 이룰 수가 없어 내 사랑 만난다는
설레임에, 그런데 비가 올 것 같아

토요일엔
남색 우산 쓰고 비가 와도 한걸음에
자기에게 달려갈 테야
비 맞은 날 넓은 가슴으로 꼭 안아주겠지?

일요일엔
자기와 나 보랏빛 향기 나는 사랑
아무도 모르게 속삭인 후 차 한 잔의 여유를 보내고
다시 콧노래로 월요일 맞이할 거야.

다시 태어나도

어차피 그대 다시 만날 운명이라면
다시 태어나도 나 그대만 사랑할래요

헤어나고 싶어 발버둥 쳐본들
놓아주고 싶지 않은 그대 맘 내가 알기에
다시 태어나도 나 그대만 바라볼래요

모래알처럼 많은 사람 중에
나 그대를 알게 되고 사랑했지만
다시 태어나도 또 만나고 싶어요

그대와 웃으며 올랐던 앞산도
그대와 여행 갔던 드넓은 바다도
그대와 사랑을 맹세하며 나눠 가졌던 반지도

이 세상 이별하는 날까지 간직하고 간직하다가
다시 태어나도 나 그대 찾아서 반지 끼워주며
둘만의 사랑 다시 시작할래요.

화병(火病)
— 노을진 바다

오랜 세월 그 자리 그곳에서
모진 풍파 견뎌온 너의 모습
오늘따라 우리 엄마 마음속 같다

우글우글 끓어오르는 그 속 달래려니
어느새 그 얼굴 붉게 달아오르고
그 속은 새까맣게 타버렸겠지

네 속 헤아리지 못한 인간들
철썩이는 파도소리에 위로받으려
갈매기와 함께 모여들고

해지기 시작한 붉은 바다엔 우리 엄마
마음속같이 덩그러니 화병 걸린 바다만이
나를 멍하니 바라보고 있구나.

등대

한 해 한 해 흘러가는 세월 속
쌓여가는 삶의 무게 감당해야 할 당신 어깨
내가 당신 가는 길 밝히는 등대 되리다

꼬부랑 고갯길 오르는 당신
드넓은 저 바다 건너는 당신
내가 당신 가는 길 밝히는 등대 되리다

때론 혼자 가는 인생길 외롭고 쓸쓸함 느낄 때
앞에 있는 발자국 감사할 줄 아는 당신
내가 당신 가는 길 밝히는 등대 되리다

등대 받으며 인생 정상 먼저 도착한 당신
정성스레 한 칸 계단 만들며
당신 발자국 따라오는 사람 위해
당신 몸 희생하며 길 밝히는 등대 되리라.

눈과 당신

소리 없이 내리는 눈을 보니
문득 당신이 생각납니다
종달새처럼 종일 재잘거리는
내 모습 웃음기 가득한 얼굴 머금고
행복하게 바라보기만 하는 당신이기에

쉬지 않고 내리는 눈을 보니
문득 당신이 생각납니다
하루하루 순간순간 날 향한
쉼 없는 사랑 주는 당신이기에

소복소복 쌓이는 눈을 보니
문득 당신이 생각납니다
자상함과 배려심으로 우리 사랑
저만큼 쌓이게 하는 당신이기에

꽁꽁 얼어붙은 눈을 보니
문득 당신이 생각납니다
'자기만 봐달라' 칭얼대는 아기처럼
나와 꼭 붙어만 있고 싶어 하는 당신이기에

德山 장봉균

jbk0307@naver.com

- 국가는 없었다
- 봄처녀
- 험난한 여정
- 마네킹의 꿈
- 핼러윈 골목길

- 『문학저널』 시 부문 등단(2016년)
- (사)한국사진작가협회 화성시지부 회원
- (사)한국베이비박스문인협회 회원
- (사)한국문인협회 화성시지부 회장
- (사)좋은친구들 이사
- 화성문화원 이사
- (주)오스방음자재 대표
- 종합예술 달빛여울 대표
- 시집 『향기 나는 곳엔 이유가 있다』
  『멈춰진 삶 그 안에 내가 있었다』
- 공저 『내 마음의 풍금소리』
  『베이비박스에 희망을 싣고』

국가는 없었다 외 4편

밀어 밀어 앞에
보호받고 싶은 수많은 청년과
그들을 외면한 국가

밀려 밀려 떠밀려
쓰러진 청춘의 꽃은
이태원 골목에서 길을 잃고

밀어 밀어 앞에
강자에 눌려 외마디 소리만 지르다
눕지도 못한 채 쓰러져 갔다

밀려 밀려 떠밀려
청춘이 몸부림치던 그 골목
국가는 없었다.

마네킹의 꿈

축축하게 내려앉은 어둠은
터벅터벅 걷는 사내를 잡아당기고
좁은 골목으로 사라져 간다

리어카에 앉은 검은 고양이는
매일 사라져 가는 사내를 기억하고
별일 아닌 듯 지켜본다

아침을 버린 사내
꽃무늬 셔츠를 입고 좋은 빛을 찾아
창가를 서성거리고

또각또각 커지는 하이힐 소리
여자는 그 집 앞에 서서
사내를 한참동안 쳐다본다

사내도 그녀를 바라본다

매일 사라지는 하이힐 소리
그녀의 향기는 그 집 앞에 맴돌고
내일을 기다리는 사내

봄처녀

봄! 봄이 왔다

기왓장 너머로
노랗게 핀 산수유와 복수초
봄놀이에 빠져있다

냉골에 앉아 있던
하얗게 핀 세월의 흔적
허리까지 내려오고
층층이 진 덥수룩한 턱수염
꼬부랑 지팡이로 창문을 연다

밤새워 보낸 세월 앞에
꽃 치마 향기 대청마루 지나
천년 기둥을 휘감고
경대 앞에서 분칠하는 손놀림
꽃처녀 부럽지 않다

핼러윈 골목길

바람이 분다

휘몰아쳐 분간도 안 되는
어둠을 뚫고 떠들썩한 서양놀이
눈앞은 혼미한 시내 한복판

단내가 나도록 울부짖던
시월의 늦은 밤 언덕길
조여 오는 가슴에 공기 한 모금

걸어온 인생이 파노라마처럼
눈가를 스치고 귓가를 스치며
즐겁고 슬펐던 젊은 시절

춤과 술판이 난무한 골목길
졸린 눈은 어느새 엄마 아빠 그리며
힘없이 늘어진 목

험난한 여정

머나먼 남쪽 나라로
떠나는 길이 험난하다고 들었지만
이리도 험난할 줄은 몰랐다

한 번의 쉼조차도 용납지 않는
죽음의 계곡을 운 좋게 넘었다

그 대가는 참혹했다

깃털이 이곳저곳 빠져 나가고
비바람에 쓸려 온몸은 피투성이가 되었지만
고통을 잊은 지 오래다

흔하디흔한 물조차도
넘기지 못하는 그야말로 시체와
다름없는 상태다

오늘이 가고 내일이면 떠나야 한다
푸른 언덕이 핏빛으로 변해가더라도
넘고 또 넘어야 한다

清雨 장선호

jsh051337@hanmail.net

작 품

- 생명의 샘터 베이비박스
- 가을 전시(展示)
- 계절의 끝에서
- 추억
- 시절을 보내며
- 가난도 역사
- 난국(亂國)

프로필

- 전남 광양 출생
- 계간 『시세계』 시 부문(2015년), 월간 『문학세계』 시조 부문(2015년), 『한국시조문학』 시조 부문(2017년) 등단
- 제4회 수안보 시조문예축전 신인상 수상
- 제16회 시세계문학상 본상 수상
- 한국예술총연합회양산지회 지회장상 수상
- 제4회 천성문인협회 문학(우수)상
- (사)한국문인협회 정회원
- 문학세계문인회 정회원
- 부산 사상문화예술인협회 회원
- (사)한국시조시인협회 회원
- 글동네 동인
- 석교시조 동인
- 다솔문학 동인
- 한국베이비박스문인협회 대표
- 천성문인협회 부회장
- (사)한국시조문학진흥회 이사
- 공저 『베이비박스에 희망을 싣고』(제1집~제6집)
  『초록물결』(제1~4집) 『하늘비 산방』
  『한국을 빛낸 문인』(2015~2016년)
  『석교 단시조 문학집』 『초록엽서』
  『마음으로 그리는 풍경화』 『사상예술』 외 다수

생명의 샘터 베이비박스 외 6편

언덕배기 시름이 배인 골목길
늦은 밤 구루마에 끌려가는 폐지처럼
맥없이 널브러진 시절
흩날리는 별빛에 물든 아기처럼
우리도 생명을 다하는 날
어쩌면 그렇게 끌려갈지도 모른다

몬당을 오르는 삶의 무게가 벅차고
팍팍한 여정 온기로 가득 찬 박스는
생명이 솟아나는 샘터가 되어
누군가의 시린 추억만을 남기고
편지와 함께 남겨진 사연에
작은 잎새 하나 되어 냉(冷)한 생을 떠돌까

어둠이 가슴을 조여오는 밤이면
아이의 울음소리에 익어가는 달빛
찬바람에 지친 베이비박스
가로등 불빛에 물든 좁다란 골목길엔
시절의 구겨진 기억들이 뒹굴고
달음질로 내빼는 꿈들이 요란하겠다
애타는 부모는 방황의 나날
허기진 가슴을 채울 곳을 찾아서…

시절을 보내며

서로의
안일함을
꿈이라 표현할까
시절을
휘휘 돌아
잃어버린 평정심
변명할
말들이 뭐랴
허허로이 웃는 날

까칠한
고빗길에
희망도 잊고설랑
옛 추억
분주하니
살포시 웃음 짓네
그루잠
빠듯한 생아
네 나이가 몇이고

가을 전시(展示)

길손의
허전함을
갈잎은 알았는지
쓸쓸한
마음 가득 미소를 짓게 하네
에움길
아름다운 걸
낙엽 밟고 아는가

옹골찬
시절가니
고뇌의 흔적이라
스며든
영혼들을 보듬고 아우르다
감성이
춤추는 하루
떨고 있는 가을날

가난도 역사
— 비석마을

오늘도 혼이 되어 떠도는 나는
세월의 흔적을 더듬는 나그네
시간이 멈춰버린 가파른 언덕배기
구름처럼 샛길을 비집고 다닌다

죽은 자의 애환인 듯
간간이 들려오는 구성진 노래
흐르다 말라버린 땀방울
핏줄처럼 늘어져 얽힌 인연
지난 추억이 한가로이 흐른다

인고의 보릿고개
오롯이 버텨왔으니 살아야지
옛 기억을 석축에 쌓고
한평생 힘겨운 생을 이어가는 자들은
오늘도 속죄의 삶을 살아간다

종일 주린 배 부여잡고
한평생 일해도 벗어나지 못한 가난
이제는 부둥켜안고
한세월 원망하며 잠들어 보리라
케케묵은 이야기 야속한 사연

시름이 고이 밴 뱃고동 소리에
가난도 설움도 오랜 날 친구
갯바람에 옷깃 해져 너덜거리는 날
시절 꿈이 포개져 잠든 아미동
가난도 역사라니 흐르는 눈물

계절의 끝에서

올 가을도 그런가 봅니다

기대감으로
풍성함으로
화려함으로
쓸쓸함으로
올 가을도 나의 마음은 붉게
물들어가고 있습니다.

어쩌면
당신을 향한 사랑일지도 모릅니다.
가지에 매달린 홍시 하나가
당신을 향한 배려...
결실이 없는
나의 현실의 피눈물일지도 모릅니다

길가에 뒹구는 낙엽이
바스락거리며 부서지는 날입니다

불황은 덫을 빠져나가려
안간힘을 써보지만
모두가 모른 채 짓밟고 지나가는 처절한 날에도
오색으로 물든 황금길을

나의 발걸음은 웃음꽃으로…

서로가 피할 수 없는 현실 앞에서
왠지 쓸쓸함만 쌓여가고
화려한 지난날의 모습을 그리며
날선 현실의 웃음과 눈물이 머뭇거리다
사라지는 연극 같은 날…

올 가을은 그런가 봅니다

난국(亂國)

서릿발
내려앉은
메마른 가지 위에

홀로선
님의 마음
까치가 쪼아댈 적

민중의
터진 가슴도
녹아녹아 흘러라

추억

바라던
세상인가
꿈꾸던 시절인가
말없이
흘러버린
세월이 덧없어라
추억이
물안개 되어
가슴속을 덮는 날

바람난
산천초목
해맑은 웃음 타고
비탈길
내달릴 적
희망은 어드메냐
심곡에
쌓인 회심이
녹음인 양 짙어라

시여 정이란

ds5kks@naver.com

작 품

- 기억의 잔상
- 자식에게
- 사랑愛
- 사랑에 체하다
- 사랑하기에
- 사랑도 통역이 되나요
- 널 너무 사랑해서

프로필

- 한국베이비박스문인협회 정회원
- (사)한국문학작가회 정회원
- 문학세계문인회 정회원
- 신세계문학 정회원
- 한국문인협회 시분과 회원
- 국제PEN 한국본부 회원
- 현대시선작가협회 수석이사
- 풋앤 힐링 족심도 대표
- 전자책 『파란 풍경 마을』 수록
- 〈팟캐스트 여자라테〉 마마킹의 사람책 도서관 32회 방송출연
- 홍천내면중학교 족심도 강의
- 개인 출판회 사회자
- 시집 『쪽지 하나의 사랑』

기억의 잔상 외 6편

따스했던 시절의 기억들은
아무 걱정 없이
즐겁게 웃을 수 있었던 기억들이
저 기억 밑바닥에서
수면 위로 떠오른다

모든 추억에는 그가 있었다
눈물이 난다
얼음처럼 차가운 나에게도
실은 따뜻한 심장이 있다는 걸
알게 해 준다

무릇 삶은 생을 살아가는 이에게
아무리 어려운 고난이 닥쳐도
삶을 지탱하게 하는 것은 지난 추억이다

추억이 겹겹이 쌓여 생을 이루듯이
삶도 앞으로 살아가게 만드는 힘이
될 테니까

사랑하기에

우리가 살아 숨 쉬는 동안
힘들어 죽을 것 같고
못 마시는 술을
잔뜩 취해 필름이 끊어지고
눈물로 엉망이 되었던 일도
사랑 때문입니다

몇 번을 반복해서 전화를 걸어도
연락받지 않는 사람으로
고통스러울 때도
이 모든 일들을 쉬이 포기하고 싶어도
할 수 없는 것은
사랑 때문입니다

무모할 정도로 행동하는 나 자신이
미워지는 것을 어쩔 수 없이
또다시 반복하는 나 자신을 볼 때
미워도 미워지지 않는 것은
사랑 때문입니다

미련 곰탱이 같은 나는
여우 같은 사람이 되지 못해
엉망이 되어가도 버릴 수 없는 것이
사랑 때문입니다

이런 현실이 너무나 싫은데
오늘도 이렇게 당신을 사랑하는 나 자신을
돌아보며 여전히 여기 있는 나는
사랑 때문입니다

자식에게

부모란 자식이 처음 겪어본 실패에서
본인도 당황스럽고 혼란스러워
어찌할 바를 모를 게다

그래도 곧 정신 차릴 테니까
혼자 일어설 수 있을 때까지
묵묵히 뒷바라지해 주면서

믿어주고 기다려주는 게
부모 역할이 아닌가 싶다
지금은

지금 당장은 스스로가 누구보다도
작게 느껴지고 남들보다 뒤처졌다는
생각뿐일 게다

하지만 지금 당장 네가 느끼는 열등감과
실패의 경험들도 언젠가는 분명
'오늘을 위한 나날들이었구나' 하고
느끼는 순간들이 찾아올 것이다

이것만 기억해
지금은 그런 거야
지금은 힘들 뿐이야

네겐 지금보다
나중이 더 많이 찬란한 빛 속에 있을 것이니까
잊지 마

*당신이 혼자 걷는 거라 생각했던
시간의 숲 그 뒤에는 함께 걸어주는
누군가가 있다는 걸 기억해 주세요
바로 부모님입니다

사랑도 통역이 되나요

일상이 외로운 날
낯선 거리에서 의사소통에 소외감을 느낄 때
안정을 얻지 못한 외로움
불확실한 앞날에 대한 번민

잠을 이루지 못한 밤
낯선 환경에 적응하지 못한 외로움
서로의 모습 속에서 공통점을 발견할 때
서로에게 이끌리게 되는 때

사랑도 통역이 되나요

극적인 긴장감도 없고
러닝타임 내내 텅 빈 외로움과
낯선 고독함 혼자 여행을 떠나 본 사람처럼
도무지 잊을 수 없게 만들었다

아무도 모르는 낯선 곳
혼자 떨어져 거리를 걸을 때면
못 할 게 없을 자유를 느끼지만
다시 길을 걷다 보면

왜 여기에 있는지 뭘 하고 있는지
혼란스럽고 슬퍼져서 갑자기
아무것도 할 수 없게 되는 순간
모든 낯선 감정이 느껴질 때

사랑도 통역이 되나요

사랑愛

사람과 사람의 관계가 만남이라면
사람과 사람의 인연이 닿아 사랑이 피어난다면
사랑에 웃고 울고 또 울고 웃고
그러면서 정이 쌓이나 봅니다

마냥 웃고 웃는 사이로 얄미운 마음마저 들고
서운한 마음이 거리를 서성거리게 하고
또 언제 그랬냐는 듯 다정히 안아줄 때
무거웠던 마음이 얼음 녹듯 다시 견고해지는 게
사랑인가 봅니다

때론 이별 앞에 무너지는 감정들이 쌓이고 쌓여
끝나지 않을 터널처럼 사람은 이별 앞에 아파하지만
비온 뒤 땅이 굳듯 맑은 하늘에 무지개처럼
슬픔이 가슴에 젖어들 땐
사랑도 그 안에 자리를 잡나 봅니다

수없이 많고 많은 시간 속에 우리는 쳇바퀴 돌듯
살아가는 운명이지만 그중 가장 아름다운 관계는
사랑인가 봅니다 함께 한다는 것이 얼마나 소중한지 알기에
비로소 찬란하고 아름다운 결실 맺어지나 봅니다

널 너무 사랑해서

인생 절반을 살아도 아직 모르겠다
낡은 심장을 갈아도 반복되는 시행착오
사랑이라 믿지 않았어 그건 사랑이 아니라고
사랑 같지 않은 사랑이라 흉을 보았어

흉을 보았던 내가 그만 사랑에 빠진 거야
미친 사랑이라 말들 하지 그건 사랑이 아니라고
눈앞에 어른거리는 걸 어떻게
보고 싶은 걸 어떻게 해

내 심장에게 고마워
이토록 사랑할 수 있게 되어서
영원히 차갑게 식어있을 줄 알았어
두근두근 뛰고 있는 심장이 기뻤어

얼굴만 봐도 눈물이 날 것 같아
저만치 서 있어도 금방 알 것 같아
사랑할 수 있어서 고마워
널 너무 사랑해

사랑에 체하다

온 마음을 다해
그대를 향해 마음이
달려가고 있어요

주저앉아 도저히 일어날 수 없는
수없이 사랑하고 아파하고
이별을 하고 눈물을 흘리고
촘촘한 기억들이 숨바꼭질하고

가슴은 그렇게 사랑에 체했다

최 정 호

kingjung931@naver.com

작 품

- 부엉이 둥지
- 오일과 물
- 소꿉 누이 섬진강
- 이별의 의미
- 시월의 단풍
- 옛 고향

프로필

- 전북 완주 출생
- 전북대, 우석대 평생교육원 문예창작 수료
- 문학세계문학상 시조 부문 대상 수상
- 세계문학상 수필 부문 대상 수상
- 한울문학 시 부문 대상 수상
- 국가보훈부 문화콘텐츠 우수상
- 국제PEN 한국본부 회원
- 전북문인협회 정회원
- 전북시인협회 이사
- 완주문인협회 이사
- 문학세계문인회 정회원
- 월천문학, 한양문학, 수필문학 정회원
- 한국베이비박스문인협회 정회원
- 시집 『노을 꽃』『언덕에 오르면』
- 수필집 『외딴 오두막』

부엉이 둥지 외 5편

받아들이기엔 부끄럽고
안고 가기엔 가시면류관
안개 낀 가시밭길 헤칠 수 없고
되돌아가고 싶지만 무너진 외다리

허물 벗은 팔 새끼 안을 힘없고
가슴 뛰지 않아 도망치고 싶은
동동거리는 발이다

택시마저 기어가는 비탈길
문 열어 놓은 빈 상자 하나
요람으로 인도하는 통로이고

엄마 품은 못 되지만
무릎 꿇고 두 손 모으는 베이비박스
부엉이 둥지

이별의 의미

바다를 향하여 떠나가는 모습이
한 폭의 명품인 것은
자장가 부르는 검은 이불 뒤집어쓴
씻고 치장한 이별 촛불 켠 풍경이다

눈감지 않으려는 접시에 빵 조각
흙 속에 눈감는 한 톨의 밀알이지만
세수하는 만삭된 새싹

우산 접는 파라솔
하늘 높이 솟아오른 붉은 장미 한 송이
창문 여는 신부이다

오일과 물

눈길 가는 곳마다 푸르른 강물
삽질만 하면 솟아나는 옹달샘
봄가을 단비 실개천 허드레 물이다

북어 되는 꽁꽁 눈꽃도 도랑물이고
풍년 된 장마철 빗줄기 홍수 되니
태풍 타고 쏟아붓는 물 폭탄 사이렌이다

어쩌다 빗방울 하나 밀알 되는 중동 땅
파이프 하나 박으면 솟구치는 검은 오일
설거지하고 차 닦는 잡부이고

앉아 커피 마시는 명주 옷 생수이고
흰옷 걸친 신선 오아시스 샘물이다

시월의 단풍

아침저녁 찬이슬에 눈뜨는 불씨
단골인 설악산 봉우리 산실에서
천왕봉 정상에 깃발 꽂은 불티
불붙은 내장산 월악산이다

힘을 모아 다도해 훌쩍
백록담 넘는 도깨비불이지만
소화기 대신 들이대는 스마트폰이다

시월의 붉은 재 헤치면
도토리 알밤 크고 작은 열매들
산속의 고아원 아침상이고
천사의 타작마당 가을걷이다

소꿉 누이 섬진강

된서리 거친 바람 박수 받는
눈꽃 같은 흰나비 떼
두루뭉술 구름 마는 물결 위
반짝반짝 푸른 별 눈이 시리다

마이산 등지고 쪽빛 바다 찾아가다
은빛 모래 벌 베고 한숨 돌리고
옥색 치맛자락 흔드는 섬진강
발걸음 앞지르는 가슴 풍선이다

씨름하다 세수하고 재첩 잡고 낚시하도록
초록 가슴 옷고름 푸는 젖먹이 소꿉 누이
손잡고 고향 땅 달려가고 싶지만
등 돌리는 찬바람 일까봐
차라리 네 곁에 하룻밤 묵어가리라

옛 고향

실개천 졸졸졸 샘물이었고
오솔길 걷다 꾀꼬리 노래 취하고
낮술 생각나 시냇물 목축이면
떠오르는 꽃구름 그녀의 얼굴

두메산골 내달리고 쉬어가려다
둥구나무 그늘 밑 깊은 물 위에
팝콘처럼 탄생하는 잔별들
햇살 걸치는 은하수 눈이 시리다

조약돌 밟다 미끄러지는 까르르 물방울
하얗게 배꼽 드러내는 여울목 낚시터
새싹 돋아 풀피리 불고 씨름하다
뜬 구름 잡느라 해지는 줄 몰랐다

아낙네들 모래찜 하느라
기우는 해 붙들다 단잠에 빠지고
떠나가는 기러기 떼 먼 하늘 날면
나 홀로 방랑자 방패연이다

지고지순한 사랑의 앤솔러지

김천우

((사)세계문인협회 이사장, 문학평론가)

새해를 맞이하여『베이비박스에 희망을 싣고』작품집이 8번째 햇수가 되었다. 대장정의 세월 동안 꾸준히 뿌리를 내리고 있는 한국베이비박스문인협회 장선호 회장님과 회원의 가슴 따뜻한 언어의 연금술이 세상 밖으로 계묘년 밝아오는 태양처럼 온누리에 희망 씨앗을 수놓았다. 3년 동안 코로나 팬데믹으로 암울한 시기를 맞이하고 있는 시점에 주사랑공동체 이종락 목사님의 거룩한 사명정신을 중심으로 해마다 귀한 희망의 등불이 되어 어둠에서 빛으로 인도하는 영혼의 길라잡이로 발돋움하기를 기도하는 바이다.

월간『문학세계』『시세계』수려한 등단작가 님의 주옥같은 작품세계는 삼천리 방방곡곡 독자들에게 흐르는 강물처럼 유유히 젖어드는 사랑의 불씨가 강물처럼 흐르고 있다. 장선호 회장님과 13인의 동참동인의 시향의 깊은 울림은 코로나 백신보다 면역력을 일깨우는 최고의 자양분이 될 것이라 믿어 의심치 않는다. 2014년 우연히 신문 언론에서 부모가 버린 아기들의 슬픈 소식을 접하고 안타까운 사연을 희망세상으로 이끌어줄 방법을 구상하던 중 월간『문학세계』『시세계』등단문인을 중심으로 20여 명이 동참한 베이비박스문인협회는 해마다 전국 방방곡곡 꽃등을 불 밝히게 되었다. 문학은 사람이 살아가는 인생여정에 사시사철 피고 지는 꽃과 같은 최고의 선물이자 우리 모두에게 사명감을 부여해주는 지침서 역할을 하고 있다.

회자정리(會者定離) 희비애락(喜悲哀樂) 생로병사(生老病死) 생자필멸(生者必滅)의 진리를 자연스럽게 받아들이며 접하는『베이비박스에 희망을 싣고』작품집은 참으로 가슴 뭉클한 살아 숨 쉬는 진솔한 메시지와 한민족의 대명사 모성애의 뜨겁고 지고지순한 사랑이 구구절절 배여 있는 사랑의 앤솔러지이다.

피폐하고 각박한 인생길에 천국과 지옥을 넘나들고 행복과 불행의 엇갈린 순간들 속에서 희망이라는 운명의 지침서를 돌려놓은 중요한 구심점 역할을 하고 있는 베이비박스의 진정한 뜻을 살펴보면 친모에게 버려진 아기의 생존이 가능하도록 생명 보호 장치가 달린 상자를 말한다. 미성년자들이나 열악한 환경에서 화장실이나 길거리 분리수거함 등지에서 비참하게 버려진 생명이 점점 더 가혹하게 쓰러져가는 사건들이 발생하는 현실을 보다 못한 주사랑공동체 교회가 2009년 12월부터 축복받지 못하고 탄생한 아이를 보호하고 한 생명 살리기 위한 차원에서 운영하는 아름다운 선행을 지금까지 시행하고 있다. 언론과 방송 각계각층에서 관심을 가지는 베이비박스, 그 이름부터가 가슴이 뭉클하고 싸하다.

아이를 베이비박스에 넣은 후 벨을 누르면 담당자들이 달려와 보호하면서 추후 모든 여건을 관망한 후 입양, 시설입소, 가정 위탁하는 중요한 역할을 한다. 얼마나 위대한 일인가. 이 얼마나 눈물겨운 일이 일어나고 있는지 이제 외국처럼 버려진 아이들의 생명과 육아를 제도적으로 보장하는 정국이 되고 영아들의 인권과 생명 보장, 보호할 수 있는 제도적 수단을 강구해야할 시점에 도달한 것 같다는 생각이 든다. 이런 중요한 시점에서 '베이비박스에 희망을 싣고' 동인을 결성한 문학인 수호천사들이 바로 베이비박스문인협회를 지금까지 탄생시킨 자랑스럽고 감동스러운 작가들이 존재한다는 사실만으로도 훈훈하고 따뜻한 정이 살아 숨 쉬는 사랑의 열매가 아닌가. 가슴이 먹먹하고 뜨거운 그 무엇이 불끈 용솟음치는 것을 감지할 만큼 잠시 잊고 있었던 음지의 보석 같은 책을 발간하고 작품을 접할 때 다시 자생하는 동기부여가 될 만큼 생명의 존엄성을 재조명하는 계기가 되고 있다는 생각에 응원과 박수를 보낸다.

장선호 회장님을 중심으로 이번 작품집에 참여한 권희건, 김병호, 김장미, 문문자, 박귀자, 손미경, 손장순, 신현각, 우현식, 이미선, 장봉균, 정이란, 최정호 시인의 주옥같은 작품세계는 대한민국을 대표하는 아기들의 생명불씨를 지펴주는 선인들이라 명명하고 싶을 만큼 그 이름 한 분 두 분을 위하여 기도하는 마음자리로 글을 쓴다. 앞으로 국내외 유수한 사명정신을 갖춘 등단문인들이 더 많이 동참하여 겨울 속 봄 이야기 같은 훈훈한 역사적 한 페이지를 장식하는 한 해가 되기를 간절히 촉구하는 바이다. '눈보라 속에서도 꽃이 피고 지진 난 땅에서도 맑은 샘을 솟아나며 불에 탄 흙에서도 새싹을 움튼다는 희망' 시편은 유년시절 가장 가슴속에 남아 있을 만큼 희망이라는 단어는 이승의 마지막 그 순간까지 동행하여야 할 보석 같은 단어라 생각하며 『베이비박스에 희망을 싣고』 제8집의 동인집이 세상 밖으로 탄생할 즈음에 봄이 온다는 기별이 올 것임은 자명한 사실이다. 계묘년 새해는 더욱더 꽃불 지피는 2023년을 맞이하여 기운이 넘치고 에너지가 박차를 가하는 사랑의 온도가 달구어지기를 진심을 담는다. 아이들이 행복한 세상이 모두가 꿈꾸는 세상으로 연결되는 일이며 우리 문학인들이 관심을 모아야 할 시점이 된 것 같아 더욱더 기쁜 마음으로 작품집을 조명해 본다.

얼음 속 두꺼비 알 부동이며
알 속 타조는 언제쯤 깰까
땅 속 씨앗 눈감은 영혼이다

어둠이 바위보다 단단하다
두꺼워 천둥소리 벽이다
똑 똑 똑 대답은 깜깜하다

솔개는 하늘 진흙탕엔 미꾸라지
동강 할미꽃 천마산 자색 노루귀
동해는 돌고래 서쪽바다 갈매기

괴짜 세상 엉터리 사바세상
마음껏 코풀고 방귀뀌며 살자
아가야 울어라 실컷 울어라

밤하늘 작은별 자비로 내리고
둥근 달빛 은혜로 밤길 비춘다
사랑의 손길 상자 속 가득하다
오늘도 내일도 태양은 솟는다

아가야 울어라 실컷 울어라

— 권희건, 「뿌리 없는 떡잎」 전문

권희건 시인의 「뿌리 없는 떡잎」 시편에서 아가에게 전달하는 섬세하고 강인한 메시지는 마디마디 가슴 적시는 안타까운 감성 짙은 언어들이 참으로 시대적 투혼을 건져 올려 작품마다 무언의 암시적인 기운과 함께 화자의 철학적인 면모를 아낌없이 승화시키고 있다.

처음 시작도
처음으로 하는 마지막도
결코
감당해야할 혼자만의 몫입니다.

백열등 온기로
엄마 품이 아닌 베이비박스에서
세상 먼저 홀로서기 했다
위안을 건네 봅니다.

추운 겨울에도
빨간 꽃봉오리를
결코 놓지 않은 동백처럼
소망으로 쓰실
하나님의 기대를
함께 기도합니다.

— 김병호, 「소망」 전문

김병호 시인의「소망」시편에서 기도의 간절한 동기부여가 감동을 준다. 화자는 백열등 온기를 엄마 품에서가 아닌 베이비박스에서 홀로서기 해야 하는 너무도 슬픈 현실에 이입하여 서술하고 있으며 모든 시편의 시에서 설명해 주지 않아도 언어의 사려 깊은 뜻글이 모든 것을 대변해주고 있다.

수없는 기도 속에서 퍼지는 파멸
한 걸음 한 걸음 디뎌온 발걸음
헤매이던 어미는 치매가 걸리고
그저 그랬거니
담담히 묻혀 버린 기억
내 어미도 내 어미의 그 어미도
몰랐을 무채색의 아픔

울며불며 매달리는 선홍색의 여린 핏덩이
저리도 서글피 어미를 부르는데
돌아서는 발걸음은 눈도 귀도 없습니다
서슬 퍼런 겨울바람만 울어 에이고

마리아 마리아 난곡동 마리아
내 어미가 내 어미고 내가 내 어미다
마리아 마리아 난곡동 마리아
내가 어미다 내가 내 어미다
울지 마렴 울 애기

— 김장미,「난곡동 마리아」전문

김장미 시인의 「난곡동 마리아」는 구구절절 어미의 심정을 뼈저리게 녹여내는 진솔하고 담백한 작품이다. 화자의 기막힌 아픔과 모성애가 어우러져 금방이라도 친모가 죄의 사함을 받도록 이끌어주는 난곡동의 호소력 짙은 절규가 들려오는 시편이다. 그의 시에서 오금 저리도록 슬픈 곡조가 아리랑을 연상하듯 모성애의 극치라고 명명하고 싶다.

첫눈을 꼬깃꼬깃 챙겨 모아
마음 산속에 작은 꿈 얼려 놓고

찬 서리 시려운 파도에도
소나무처럼 의젓한 겨울 아이

입마저 얼은 산까치가 가여울까
호호 아지랑이로 눈가지 털어 놓고
눈빛이 얼었을까 희미한 별나무에
밤이면 반짝반짝 꿈방울을 매달고

개구리 울음 울고 들꽃 활짝 웃으면
부르튼 손등에도 얼음이 녹겠지

하얀 눈 속에 얼려둔 꿈을 캐고
밤하늘 별님에 걸어둔 꿈을 따서

봄이 오면 소나무처럼
키 큰 아이가 될 거야

— 문문자, 「겨울 아이」 전문

문문자 시인의 「겨울 아이」 시편은 작품처럼 아이에게 전달되는 따스함 속에서도 얼마나 아름답고 슬픈 사연이 젖어드는 시편인가. 『베이비박스에 희망을 싣고』 작품들은 대한민국 모든 국민들이 이 간절한 외침소리를 들어야 할 것이라는 사실이 각인이 된다. 두 번 다시 동방예의지국인 한국에서 이런 기막힌 일들이 발생하지 않도록 갈구하는 '기도의 서' 같은 교훈적인 시편들이다.

엇갈린 계절 앞에
꽃들은 웅성인다
들뜬 맘 앞서나온
봄의 전령 터질 듯
부풀은
속앓이하며
터질 듯 아파한다
명자가 붉은 입술
깨물고 개나리가
노랗게 눈이 부신
11월의 미쳐가는
헛헛한

하품 한 번에
지고 마는 계절 꽃

— 박귀자, 「이상 기온에 들뜬 여심들」 전문

박귀자 시인의 「이상 기온에 들뜬 여심들」 글을 살펴보면, 간결하면서도 아련한 봄의 소생과 반전으로 미쳐가는 헛헛한 하품 한 번에 지고 마는 서글픈 계절 꽃으로 회자되듯 북받치는 슬픔을 소리 없이 녹여내는 삶과 내면의 성찰 시편들이다.

겨울을 이겨내며
예쁘게 자라다오
정성을 다한 손길
화분에 물을 준다
며칠을 비운 그 틈에
꽃을 피운 울아기

추위를 견딘 것도
대견한 일이건만
어여쁜 인연 하나
남기는 선물까지
행복을 가꾸는 자리
너와 함께 가는 삶

— 손미경, 「화분」 전문

손미경 시인의 「화분」에서 만나는 온정의 손길이 느껴진다. 꽃을 보며 화분 속에 옹알이 하는 속삭임이 얼마나 시리도록 그리운 일인지를 잘 전달해주고 있으며, 다시 한 번 인연의 소중함을 동시에 잘 전달해주는 따뜻한 시편들이다.

두근두근
봄바람 타고

소곤소곤
꽃 피어나는 소리

사르르사르르
잎 피어나는 소리

살랑살랑
꽃바람 되어 내게 온 봄

여기도 저기도
살포시
어느새 봄꽃 가득

온통
봄꽃에 물들어
나도 꽃이 된다오

— 손장순, 「봄」 전문

손장순 시인의 「봄」 시편은 서정적이면서도 언어의 미학이 구절마다 묻어나는 향기로운 시 세계다. 아무 말 하지 않아도 좋을 언어의 조각들이 연연마다 탄생의 깊은 의미를 잘 부여해주며 무언의 소망이 봄꽃으로 전달되며 봄이 온다는 기별이 못내 그리운 시편이다.

꿈을
포기하지 않으면
한계란 없다
한계란
내가 정하는 것이다
나의 무대에서 신나게 즐기면 목표를 이룰 수 있다

— 신현각, 「한계」 전문

신현각 시인의 「한계」 시편은 읽을수록 안개 속을 투영하듯 언어의 미로는 끝없이 펼쳐지는 평야와 같다. 시인의 짧고 은밀한 작품 속에서 많은 의미들을 내포하는 언어의 카타르시스가 있다. 보이지 않는 공간에서 밝혀지는 빛무리처럼 갈망하는 관철력의 힘 에너지 창출임에 틀림이 없다는 화자의 각오가 매우 심도 깊은 내공이 펼쳐지는 화두 속에 청정심이 묻어난다.

동녘 저 산은 붉게 물들어
제 가진 걸 다 내어줘도
오매불망 애타게 기다리는
임 소식은 아니 보내니
송골송골 밤새 응어리진
내 눈물 흘러내리네

서쪽 저 하늘 수줍게 물들며
너른 품에 모두를 보듬어도
애타게 불러보는 그 이름은
어이해 감싸주지를 않나
철썩이는 파도 소리만
답답한 이내 가슴 때리네

오늘도 힘없이 돌아서는
무거운 그림자 위로
그대 그리움에 사위어가는 이내 맘

— 우현식, 「사위어진 마음」 전문

화자의 사위어진 마음이 이내 우리 모두의 인생길이 아닐까? 언어의 연금술은 내면의 향기가 늘 잠재되어 있다. 시인의 진리 속에 함구하는 세상의 외침소리가 온누리에 들리는 듯 오금 저리도록 쓰라린 심경이 또아리를 틀고 있다. 시의 힘, 어둠을 밝혀주는 등불처럼 아련한 묵상의 기도소리가 들리는 시편이다.

눈물 난다 구박하고
냄새 난다 구석 신세
이리 뒹굴 저리 뒹굴
힘들게 굴러다니는 너는
무슨 생각 어떤 마음으로
하루하루 보내는 걸까?

여기서 부르면 달려가고
저기서 부르면 숨이 턱까지
차오르게 뛰어가서
불평불만 한마디 없이
어찌 그리 너란 놈은
마음이 태평양 같을까?

필요할 땐 한 겹 두 겹
실오라기 하나 걸쳐주지 않은 채
너의 속내까지 샅샅이
훔쳐보는 인간들에게
원망 한번 하지 않고
모두 내어주기만 하는구나

너란 놈은 인간인 나보다
더 베풀 줄 안다는 생각에
오늘 나는 너를 만지는 순간
아픈 눈물이 쏟아져 흐른다
너 자신을 내어줄 줄 아는

양파야말로 사랑이었구나.

— 이미선, 「양파 예찬론」 전문

이미선 시인의 「양파 예찬론」은 인생이란 여정 속에 쓴맛 단맛이 곁들여져 있는 화자의 심경이 양파의 숭고한 진리이며 우리가 당면해야할 과제인지도 모른다. 처절한 삶의 전투 속에서도 자신을 내어주는 희생의 대가 언어의 미학이 바로 이런 해답이 아닌가 싶다. 시의 마법은 그만의 세계관이 있고 창작이라는 신비로움을 탄생시킨다. 사람과 사물 사이의 연결고리에 꿈틀거리는 울림이 함축되는 훌륭한 시편이다.

밀어 밀어 앞에
보호받고 싶은 수많은 청년과
그들을 외면한 국가

밀려 밀려 떠밀려
쓰러진 청춘의 꽃은
이태원 골목에서 길을 잃고

밀어 밀어 앞에
강자에 눌려 외마디 소리만 지르다
눕지도 못한 채 쓰러져 갔다

밀려 밀려 떠밀려
청춘이 몸부림치던 그 골목
국가는 없었다.

— 장봉균, 「국가는 없었다」 전문

장봉균 시인의 「국가는 없었다」에서는 최근에 겪었던 국민 모두가 통탄할 사건을 시 속에서 절규하고 있다. 얼마나 기가 막히고 가슴 아픈 일이기에 밀어 밀어 밀려 밀려 아비규환 속에서 몸부림치던 꽃다운 청춘들의 죽음이 시편 속에서 몸부림치고 있는 듯 분노와 울분 속 치밀어 오르는 상실감에 잠시 넋을 잃을 만큼 안타까운 마음이 투영되는 현실의 비망록 같은 시편이다.

언덕배기 시름이 배인 골목길
늦은 밤 구루마에 끌려가는 폐지처럼
맥없이 널브러진 시절
흩날리는 별빛에 물든 아기처럼
우리도 생명을 다하는 날
어쩌면 그렇게 끌려갈지도 모른다

몬당을 오르는 삶의 무게가 벅차고
팍팍한 여정 온기로 가득 찬 박스는
생명이 솟아나는 샘터가 되어
누군가의 시린 추억만을 남기고

편지와 함께 남겨진 사연에
작은 잎새 하나 되어 냉(冷)한 생을 떠돌까

어둠이 가슴을 조여오는 밤이면
아이의 울음소리에 익어가는 달빛
찬바람에 지친 베이비박스
가로등 불빛에 물든 좁다란 골목길엔
시절의 구겨진 기억들이 뒹굴고
달음질로 내빼는 꿈들이 요란하겠다
애타는 부모는 방황의 나날
허기진 가슴을 채울 곳을 찾아서…

— 장선호, 「생명의 샘터 베이비박스」 전문

장선호 시인의 「생명의 샘터 베이비박스」는 한 편의 영화를 감상하듯 울컥 치밀어 오르는 슬픈 곡조가 먹먹하고 가슴 저린다. 화자의 애끓는 심경이 얼마나 피 토하는 심정인지 생명의 탄생이 기쁨보다 한 서린 곡조 속에 잦아드는 베이비박스의 송가는 비켜갈 수 없는 현실의 단절된 성벽 앞에 목젖 아리도록 호소하는 언어의 조각들이 공감대를 형성하고 우리 국민 모두에게 전하는 외침이 아닐까 한다.

우리가 살아 숨 쉬는 동안
힘들어 죽을 것 같고
못 마시는 술을

잔뜩 취해 필름이 끊어지고
눈물로 엉망이 되었던 일도
사랑 때문입니다

몇 번을 반복해서 전화를 걸어도
연락받지 않는 사람으로
고통스러울 때도
이 모든 일들을 쉬이 포기하고 싶어도
할 수 없는 것은
사랑 때문입니다

무모할 정도로 행동하는 나 자신이
미워지는 것을 어쩔 수 없이
또다시 반복하는 나 자신을 볼 때
미워도 미워지지 않는 것은
사랑 때문입니다

미련 곰탱이 같은 나는
여우같은 사람이 되지 못해
엉망이 되어가도 버릴 수 없는 것이
사랑 때문입니다

이런 현실이 너무나 싫은데
오늘도 이렇게 당신을 사랑하는 나 자신을
돌아보며 여전히 여기 있는 나는
사랑 때문입니다

— 정이란, 「사랑하기에」 전문

정이란 시인의 「사랑하기에」 작품 속에서 봄 햇살처럼 잔잔한 감성과 서정이 따스하게 전해오는 감동의 전율이 겨울바람을 에워싸는 시편이다. 자신을 누구보다 사랑하지만 미련 곰탱이 같은 사람이라 칭하여도 사랑이라는 이름 앞에 무너지는 뿌리칠 수 없는 모습이 바로 나 자신이라는 명답이 바로 만물의 영장, 사람이라는 사실을 실감케하는 감성이 소생하는 사랑학 작품을 서술하였다.

받아들이기엔 부끄럽고
안고 가기엔 가시면류관
안개 낀 가시밭길 헤칠 수 없고
되돌아가고 싶지만 무너진 외다리

허물 벗은 팔 새끼 안을 힘없고
가슴 뛰지 않아 도망치고 싶은
동동거리는 발이다

택시마저 기어가는 비탈길
문 열어 놓은 빈 상자 하나
요람으로 인도하는 통로이고

엄마 품은 못 되지만
무릎 꿇고 두 손 모으는 베이비박스
부엉이 둥지

— 최정호, 「부엉이 둥지」 전문

최정호 시인의 「부엉이 둥지」 시를 살펴보면, 처연한 가슴이 더욱더 젖어드는 시편에서 갈증 나는 우리네 당면된 현실을 되돌아본다. 얼마나 비련의 주인공이 싫었을까, 부엉이 둥지라는 시제는 베이비박스라는 명제를 뚜렷하게 직시하는 요람으로 인도하는 통로이자 그곳에 반겨주는 오아시스 같은 사랑의 손길이 있어 다행스럽고 고마운 일이라 시인은 하늘기도 하는 마음으로 부엉이 둥지에 등불을 켜고 있다.

우리가 일생을 살아가면서 이승에 남기고 가는 가장 소중한 일은 어떤 것인지를 한번쯤 생각하게 될 것이다. 사람은 이름을 남기고 짐승은 가죽을 남긴다고 하지만 이제 사람은 영혼을 행복하게 만들고 짐승은 살기 위하여 존재한다는 학설이 가슴을 파고들 것이다.

『베이비박스에 희망을 싣고』 제8집은 수많은 작품집 중에서 가장 진솔하고 순백한 삶의 지평을 노래하는 베풂과 자비가 사랑이라는 단어 속에 녹여내는 삶의 진리다. '주 앞에서 낮추라 그리하면 주께서 너희를 높이시리라'라는 성경 말씀처럼 하나님은 가난하고 슬프고 외롭고 힘없고 버림받은 자들에게 더 많이 쓰임을 주신다고 하셨다.

장선호 회장님과 동인 여러분의 숨김없는 사랑의 손길이 시를 통하여 꾸밈없이 전달되는 시세계의 달빛 같은 청량하고 맑은 울림은 독자들로 하여금 다시 한 번 재조명하는 베이비박스 천상의 종소리처럼 어둠에게 빛을 전해주는 하얀 마음 파란 마음들이 한데 모여 천사 같은 아이들의 미소가 함박웃음꽃으로 피어나기를 간절히 바래본다.

제8집에는 유지경성(有志竟成)의 어원과 같이 뜻이 있으면 결국 이루고자 하는 일이 순조롭게 풀릴 것이라 믿어 의심치 않으며, 일념통천(一念通天)이라 한결같은 마음으로 꿋꿋하게 정도를 걸으면 반드시 그 꿈까지도 베이비박스에 희망을 우리 모두의 가슴에 품고 이 한 권의 시집이 위기에 처한 생명들에게 소중한 빛과 소금이 되어 전 국민에게 관심과 사랑을 전파할 수 있도록 천사들의 합창소리가 되기를 기도하면서, 솔선수범하는 문인정신으로 장선호 베이비박스문인협회 회장님과 문인 중 문인의 향기가 더욱 더 진동하는 동인들의 앞날에 은혜롭고 좋은 일이 넘치고, 어려운 시기임에도 불구하고 출간하느라 수고하신 손길 위에 진심으로 축복이 함께하길 바란다.

베이비박스에 희망을 싣고 -제8집-

한국베이비박스문인협회

인쇄 1판 1쇄 2023년 2월 14일
발행 1판 1쇄 2023년 2월 20일

지 은 이 : 한국베이비박스문인협회
펴 낸 이 : 김천우
펴 낸 곳 : 도서출판 천우
등　　록 : 1992. 2. 15. 제1-1307호
주　　소 : 서울시 성동구 무학봉28길 6 금용빌딩 2F
전　　화 : 02)2298-7661
팩　　스 : 02)2298-7665
http://blog.naver.com/cw7661
E-mail : cw7661@naver.com

값 15,000원

ISBN 978-89-7954-888-4